БЕСОРА
Глазами Евреев

Джеффри Коэн

Предисловие от Мэнфреда Нохомовица

Луцьк
РТ МКФ «Християнське життя»
2024

УДК 27-23-474
К 57

Перевод: Виктор Пилипюк
© Джеффри Коэн, 2024
ISBN: 9798325743726
Литературная редакция и корректура: Елена Пилипюк

Для связи с Джеффри Коэном используйте этот электронный адрес:
cohen.geoffrey63@gmail.com

Джеффри Коэн
К 57   БЕСОРА глазами евреев – Луцьк: РТ МКФ «Християнське життя», 2024. – 192 с.
ISBN: 9798376042717

С красноречием, проистекающим из глубокого желания представить еврейское Евангелие по-еврейски, автор книги «БЕСОРА глазами евреев» стремится показать израильского Мессию во всей Его славе и великолепии всему Его народу. Сердце, видение и цели Джеффри Коэна сфокусированы на желании достичь Евангелием евреев, преподнести Божью истину Церкви и подготовить Тело Христа к возвращению Мессии – Иисуса. Вполне вероятно, что, прочитав эту книгу, некоторые из вас захотят изменить свой образ жизни.

УДК 27-23-474

Все права защищены в соответствии с Законом США об авторском праве от 1976 года. Никакая часть этой публикации не может быть воспроизведена, распространена, или передана в любой форме или любыми средствами, или сохранена в базе данных или поисковой системе без письменного разрешения автора и издателя.

Если не указано иное, цитаты из Писания взяты из Синодального перевода.

Цитаты из Писания, отмеченные (НРП), взяты из Нового русского перевода (четвертая редакция, датируется 2014 годом). Перевод близок к англоязычному варианту New International Version.

Цитаты из Писания, отмеченные (Святая Библия: Современный перевод), взяты из современного перевода с целью донести слово Божье до современного читателя, пользуясь ясным и доступным языком.

Цитаты из Писания, отмеченные (Библия под ред. Кулаковых), взяты из современного перевода, выполненного Институтом перевода Библии при Заокской духовной академии и Библейско-богословским институтом св. апостола Андрея под редакцией Кулаковых. Версия 2015 года.

Цитаты из Писания, отмеченные (СРП-2), взяты из Современного русского перевода 2-е изд. с древнееврейского, арамейского и древнегреческого. Российское библейское общество.

Цитаты из Писания, отмеченные (РСП, Юбилейное издание), взяты из отредактированного Русского Синодального перевода Священного Писания. Издатель: Миссия «Свет на Востоке», 1988.

ЧТО ЛЮДИ ГОВОРЯТ ОБ ЭТОЙ КНИГЕ

Бережно относясь к своим традиционным еврейским корням, автор книги «БЕСОРА глазами евреев», говоря об Иисусе, подчеркивает часто игнорируемую еврейскую суть христианской истории. В элегантном и легко читаемом стиле Джеффри Коэн дает высокую оценку библейским идеям. С красноречием, проистекающим из глубокого желания представить еврейское Евангелие по-еврейски, Коэн творчески устраняет препятствия и камни преткновения, стремясь показать израильского Мессию во всей Его славе и великолепии всему Его народу. Я очень рекомендую вам прочитать книгу «БЕСОРА глазами евреев». Священные писания оживут для вас самым неожиданным образом. Вполне вероятно, что некоторые из вас, ознакомившись с этой книгой, захотят изменить свой образ жизни. Рекомендуя автора и его книгу, я вместе с ним надеюсь, что еще больше женщин и мужчин лично встретятся с Самим Автором Священного Писания, и верю, что «БЕСОРА глазами евреев» выполнит свою задачу и поможет каждому читателю.

Д-р Джеффри Л. Сайф

ПОСВЯЩЕНИЕ

Я посвящаю эту книгу всем истинным искателям Бога. Еврейский пророк Иеремия под вдохновением от Святого Духа написал такие слова: «…и взыщете Меня и найдете, если взыщете Меня всем сердцем вашим» (Иеремия 29:13). Мы часто утверждаем, что открыты ко всему новому, однако насколько важно открыть свое сердце для истины! Эта книга познакомит тебя, дорогой читатель, с истиной в ее чистейшем виде. Я молюсь о том, чтобы в процессе чтения отрывков из нашего Священного Писания твое сердце воспламенялось, дух пробуждался и уже больше никогда жизнь не была прежней.

БЛАГОДАРНОСТЬ

Однажды мы с моей женой Татьяной служили в Италии. Меня попросили провести семинар о том, как защищать нашу веру. Мы узнали, что мое выступление придут послушать двое дорогих нам друзей, переживших Холокост. Я понимал, что мне нужно не просто защищать нашу веру, а продемонстрировать ее реальность. Было принято решение преподнести Евангелие с еврейской точки зрения, и, поскольку я являюсь еврейским последователем Иешуа, послание получилось вполне естественным.

Пока я говорил в течение двух часов, наши друзья, всецело поглощенные, вникали в каждое слово. Они были глубоко тронуты посланием – оно бросило им вызов. После презентации и оживленного, наводящего на размышления обсуждения мы изумились тому, какую работу проделал за эти два часа Святой Дух. Я преподнес чистую евангельскую истину с еврейской точки зрения, не используя никаких «церковных» формулировок или христианских клише любого рода. Наши друзья были максимально сфокусированы на теме проповеди и увлечены ею. Татьяна как бы между прочим сказала мне: «Это тема для твоей следующей книги». У меня были планы написать еще одну книгу на другую тему, но я сразу же понял, что через мою супругу говорит Святой Дух.

Я хочу поблагодарить мою замечательную жену за важную роль в этом проекте, а также за постоянную поддержку и любовь. Без нее эта книга не была бы написана.

СОДЕРЖАНИЕ

Что люди говорят об этой книге	3
Посвящение	5
Благодарность	7
Содержание	9
Предисловие	11
Пролог	15
Введение	23
ГЛАВА 1: НОВЫЙ ПЕРВОСВЯЩЕННИК ДЛЯ ИЗРАИЛЯ	25
ГЛАВА 2: ОДНА ЗАВЕРШЕННАЯ ЖЕРТВА	35
ГЛАВА 3: КТО НА САМОМ ДЕЛЕ УБИЛ ИИСУСА?	43
ГЛАВА 4: НОВЫЙ ЗАВЕТ С ИЗРАИЛЕМ	51
ГЛАВА 5: ЕЩЕ ДО ТОГО, КАК АВРААМ РОДИЛСЯ, Я ЕСТЬ	63
ГЛАВА 6: СПАСЕНИЕ – ОТ ИУДЕЕВ	71
ГЛАВА 7: ВСЕ ЕЩЕ ИЗБРАННЫЙ	81
ГЛАВА 8: ИЗБРАН С ЦЕЛЬЮ	89
ГЛАВА 9: НАМ ВСЕ ЕЩЕ НУЖЕН ПОСРЕДНИК	99
ГЛАВА 10: ОБЩЕСТВО ИЗРАИЛЬСКОЕ	111
ГЛАВА 11: А СЛЫШАЛ ЛИ АВРААМ ЕВАНГЕЛИЕ?	119
ГЛАВА 12: БОГ ИЗРАИЛЕВ	127
ГЛАВА 13: СПИНОЙ ИЛИ ЛИЦОМ?	139
ГЛАВА 14: ВЫ ПРЕДСТАНЕТЕ ПРЕД НИМ	145
ГЛАВА 15: АВРААМ ВИДЕЛ ГОРОД, ПОСТРОЕННЫЙ БОГОМ	153
ГЛАВА 16: ОТ БРАТА – К ВЕРУЮЩЕМУ	159
Молитва	173
Эпилог	175
Об авторе	189

ПРЕДИСЛОВИЕ

Бесора в переводе с иврита – Евангелие. Это слово также можно перевести как новость, известие и сообщение. Самое распространенное значение слова «Евангелие» – это «Радостная Весть», и именно эта Радостная Весть влияет на наше будущее в вечности.

Большинство евреев ожидают пришествия Мессии с еще большим предвкушением, чем многие христиане. Мое заявление имеет право на существование: я был по обе стороны баррикад. Во-первых, я воспитывался и рос в ортодоксальном еврейском доме, затем посещал еврейскую школу в Южной Африке и был глубоко укоренен в ортодоксальном иудаизме. Однако по прошествии времени я, еврей, поверил в еврейского «Мошиаха» (Мессию), Иисуса, и стал Его последователем. По обыкновению, раввины после субботней проповеди заканчивают свое послание словами *Ad she'yavo haMoshiach* («Пока не придет Мессия»). Сегодня в Израиле говорят: «Слышны шаги Мессии».

Тем не менее Мессия не просто придет, а возвратится, поскольку Он уже приходил на эту землю и Его зовут Иисус.

Мы читали описание Первого пришествия Мессии, то есть Иисуса, в Бесоре, но я, как ортодоксальный еврей, тогда еще не знал, что наш еврейский Мессия уже приходил на эту землю, чтобы дать нам надежду и будущее – вечное будущее. В Исаии 52:7 сказано: «Как прекрасны на горах ноги тех, кто несет радостную весть, возвещая мир, кто приносит добрые известия, возвещая спасение, кто говорит Сиону: "Твой Бог воцарился!"» (НРП). Это удивительное место Писания говорит о том, как прекрасно, когда Евангелие спасения возвещается еврейскому народу. И хотя христиане уверяли меня, что мы, евреи, убили Иисуса, ни один христианин из язычников не поделился со мной Радостной Вестью о спасении. Об этом я узнал от еврея, верующего в Иисуса.

И вот я держу в своих руках книгу «Бесора глазами евреев», написанную моим дорогим другом и соработником во Христе Джеффри Коэном. Пролог к этой книге написан в форме притчи и задает правильный тон для чтения исчерпывающего и мощного послания, которое представляет Радостную Весть, то есть Бесору, глазами евреев.

Книга Джеффри очень легко читается. Почему? Во-первых, она полностью основана на библейской истине, и, во-вторых, сердце, видение и цели Джеффри сфокусированы на желании достичь Евангелием еврейского народа, преподнести Божью истину Церкви и подготовить Тело Христа к возвращению Мессии, Иисуса. Более 15 лет назад Бог чудесным образом привел Джеффри Коэна в нашу жизнь. Я не понимал тогда, что Всемогущий Бог положил начало дружбе, которая будет продолжаться по сей день. Джефф стал моим наставником и познакомил другие духовно близкие церкви и служения с нашим движением *Emet Ministries*. Более того, он помог вывести служение *Emet Ministries* на международную арену.

Знакомство с Татьяной из Украины стало настоящим благословением для меня и моей жены Айсет. Еще больше благословений открылось, когда Джефф и Татьяна поженились, и, таким образом, Бог образовал чрезвычайно сильную пару, посвятившую себя служению евреям и Божьему Царству.

Мы с Айсет имели честь видеть, как Господь использовал Джеффа и Татьяну во многих странах мира, но преимущественно в Украине. Они ездили в Украину несколько раз, возвращались туда неоднократно даже во время войны, и Бог удивительным образом использовал их в среде еврейского народа, мессианской общины и церкви. Видите ли, Джеффри и Татьяна Коэн не только рассказывают об Иисусе и преподают Его учение – они являются Его светом на всяком месте. Я считаю, что Джеффри воюет в Божьей армии как генерал, а Татьяна – больше, чем просто правая рука в их служении.

Несмотря на то, что мы живем на разных концах земли, наша дружба с годами становится крепче, и я осознал, что Джефф – настоящий друг и наставник, посвятивший себя Божьему призванию. Более того, Джефф известен как международный оратор, писатель и активный участник служения евреям. Но важнее всего то, что он является самым одаренным и одним из самых сильных евангелистов, которых я знаю. Он полностью сосредоточен на евангелизации – в первую очередь евреям, а также язычникам.

Джефф – человек по моему сердцу, который действительно стал неотъемлемой частью нашей с Айсет жизни, служения *Emet Ministries* и служения евреям в Южной Африке. Однажды, представляя меня на шаббатнем служении в США, Джефф сказал: «Что касается служения евреям, то у нас с Мэнфредом идентичное ДНК». Я почитаю Господа за то, что он привел Джеффа и Татьяну в нашу жизнь и укрепил нашу дружбу, видение и призвание. Я благодарю Господа за то, что он поднимает Джеффа в качестве автора, чьи книги влияют на еврейское служение в странах по всему миру.

Джеффри Коэн полностью предан Всемогущему Богу, Отцу, Сыну и Святому Духу. Он смел, бесстрашен, мудр и невероятно силен не только в мессианском служении, но и в Царстве.

Бесора содержит учение Иисуса Христа и историю Его жизни – это абсолютная и бесспорная истина. Изучение книги «Бесора глазами евреев» обогатит вас и принесет много пользы, поскольку Джеффри Коэн приложил максимум усилий для того, чтобы дать понять всем, что «величайшая из рассказанных когда-либо историй» снова станет доступной для всех.

Мэнфред Нохомовиц,
основатель и директор служения *Emet Ministries*,
Претория, ЮАР

ПРОЛОГ

ГДЕ ТВОЙ АГНЕЦ?

Ведь жизнь всего живого – в его крови, и Я дал ее вам, чтобы совершать для вас отпущение на жертвеннике. Это кровь, которая совершает отпущение.
(Левит 17:11, НРП)

Мордекай Бен Захария выполнял свои повседневные обязанности в Иерусалимском храме. Это была его смена; он был ритуально чист и одет в свои белые священнические одежды, поскольку еще до начала работы принес за себя жертву. Мордекай совершил *микву* (разновидность крещения) и поднялся по ступеням Храма, чтобы исполнить свои обязанности у алтаря. Он уже совершил жертвоприношение ягненка за всю семью. Семья Мордекая принадлежала к священническому роду, и им разрешалось вступать в брак только с представителями левитского колена. Жениться на представительнице другого колена было запрещено. Как потомок Аарона, Мордекай должен был поддерживать род священников и хранить его в чистоте. Его отец Захария всегда говорил ему, что их семья служила священниками у жертвенника со времен Моисея и Аарона. К тому моменту этот период составлял примерно 1500 лет, то есть около 14 поколений, что не оставляло сомнений в их идентичности и призвании. Семья Мордекая имела отношение не только к святому левитскому священству, но и к сыновьям Садока. Сыновья Садока гордились своим наследием. Даже когда Израиль во главе со священниками уклонился от истинной веры, как бы невообразимо это ни звучало, сыновья Садока остались чисты и преданы вере. По этой причине царь Давид позволил нести Ковчег Завета исключительно сыновьям Садока – ведь только они всегда были непреклонно верны единому и истинному Богу Израиля. Отец Мордекая, Захария, всегда предостерегал своего сына от любого идолопоклонства, поскольку ему надлежало защищать честь семьи священнического рода и продолжать быть верным одному Богу.

Когда семья пришла с ягненком для утреннего жертвоприношения за весь дом, Мордекай осмотрел его на предмет пороков и дефектов. Его нож был остро заточен для того, чтобы в момент перерезания горла агнца его кровь сразу же выливалась прямо в чашу, а ягненку не пришлось страдать дольше, чем нужно. Священник не мог позволить себе быть брезгливым, поскольку его задача заключалась в умерщвлении животного. Он должен был совершать этот ритуал сотни раз и затем наносить кровь ягненка на рога алтаря; вполне возможно, ему было трудно не сострадать невинному ягненку каждый раз, когда тот без какого-либо сопротивления, беспомощно блея, истекал кровью. Однако Мордекай хорошо знал Закон Моисея, который ему с детства преподавал отец. Из книги Левит 17:11 он понял, что без пролития крови жертвы ни мужчина, ни женщина не могут получить прощение своих грехов. Это было ясно и однозначно: «Ведь жизнь всего живого – в его крови, и Я дал ее вам, чтобы совершать для вас отпущение на жертвеннике. Это кровь, которая совершает отпущение». Отец сказал ему, что все это является ежедневным напоминанием как о тяжести греха, так и его последствиях. И хотя агнец был таким невинным, чистым и не сделал ничего плохого, только кровь невинного, пролитая за виновного, могла стать единственным искуплением за грех.

Сама мысль об отлучении от Бога и верующей общины Израиля считалась невообразимой и даже не рассматривалась. Жертвоприношение служило напоминанием о завете на горе Синай между Богом и Его народом Израилем. Мордекай будет и впредь верен, чтобы приносить жертву от имени своего народа, как это делали его предки на протяжении многих поколений. И вот, едва он перерезал яремную вену ягненка, сразу же брызнула кровь и наполнила золотую чашу, освященную для этой цели. Через несколько минут он увидел, что ягненок начал все более ослабевать, пока его сердце не перестало биться. Мордекай почувствовал облегчение и даже некоторое сострадание к молодому ягненку, который прожил на этой планете всего один короткий год, прежде чем так рано умереть. Этот ягненок был пищей для священника, потому что тот не владел ни землей, ни овцами. Согласно Закону, Моисей получил от Бога следующее повеление: «И сказал Господь Моисею, говоря: скажи Аарону и сынам его: вот закон о жертве за грех: жертва за грех должна быть закалаема пред Господом на том месте, где заколается всесожжение; это великая святыня; священник, совершающий жертву за грех, должен есть ее; она должна быть съедаема на святом месте, на дворе скинии собрания» (Левит 6:24-26).

Мясо этого ягненка давало Мордекаю силы и энергию, необходимые для долгой и здоровой жизни, а также для выполнения своих обязанностей перед Богом изо дня в день.

Совершив жертвоприношение, Мордекай окропил кровью жертвенник и помазал кровью агнца рога жертвенника. Потом он благословил семью: поднял руки и объявил, что их грехи прощены, а затем воспел на иврите благословение Аарона, как научил его отец. Воспевая, Мордекай ощутил облегчение, пришедшее на всю семью, потому что их грехи (сегодняшние, а возможно, и за прошедшую неделю) были прощены. Это благословение воспевалось тысячи раз после жертвоприношения с тех пор, как Моисей повелел так поступать сыновьям Аарона (Числа 6:24-26). Мордекай всегда испытывал радость во время завершения ритуала жертвоприношения, зная, что он верно выполнил свой долг и семья уйдет с некоторым чувством облегчения и мира.

Я – ТОТ АГНЕЦ

Приближалось время ежедневной вечерней жертвы. Закон повелевал приносить агнца в жертву дважды в день: один раз утром и один раз в сумерках. «Вот что будешь ты приносить на жертвеннике: двух агнцев однолетних каждый день постоянно; одного агнца приноси поутру, а другого агнца приноси вечером, и десятую *часть ефы* пшеничной муки, смешанной с четвертью гина битого елея, а для возлияния четверть гина вина, для одного агнца; другого агнца приноси вечером: с мучным даром, подобным утреннему, и с таким же возлиянием приноси его в благоухание приятное, в жертву Господу» (Исход 29:38-41). Когда Мордекай готовился к вечернему жертвоприношению у жертвенника, он заметил человека, поднимающегося по ступеням Храма и приближающегося к нему. Этот человек имел такие царственные манеры и достоинство, что Мордекай задался вопросом, не был ли тот царем или, может быть, членом царской семьи Давида. Дело было не столько в его внешности или даже манерах, сколько в том, что вокруг этого человека, как казалось, существовала некая атмосфера уверенности и властности без намека на высокомерие, что Мордекай довольно часто замечал в царской семье. Пока он очищал жертвенник, готовя его к вечернему ритуалу, человек подходил к нему все ближе и ближе. Рассматривая его, Мордекай заметил кое-что, чего тому явно не хватало, – у него не было с собой агнца для вечерней жертвы за искупление грехов. У этого человека были темно-карие глаза, каких Мордекай никогда не видел; они напоминали два глубоких колодца. Наблюдая за незнакомцем, Мордекай ощутил, что его душа, как и все вокруг, наполнилась миром. Священник сказал:

– Шалом Алейхем (Мир тебе), – что было обычным приветствием.

– Шалом Алейхем.

– Где твой агнец?

Вопрос прозвучал вполне логично, потому что настало время вечерней жертвы и никто не подходил к священнику у храмового жертвенника без ягненка или же горлицы, если человек был из менее обеспеченной семьи. Ничуть не смущаясь, человек ответил:

– Я – агнец.

В обычный день Мордекай подумал бы, что с ним говорит сумасшедший или человек в бреду, но решил, что, судя по всему, он неправильно понял слова незнакомца.

– Нет, я спросил, где твой агнец для вечерней жертвы за грех?

Человек снова ответил:

– Я – тот агнец.

Он смотрел прямо в глаза Мордекая пронизывающим взглядом, как будто сквозь него. Мордекай был немного ошеломлен и смущен присутствием этого человека, но в то же самое время чувствовал в нем невероятную святость и доброту. Он не знал, что ответить и что сказать.

– Кто ты? Как тебя зовут?

– Я Иешуа бен Давид (Иисус, сын Давида).

До Мордекая доходили слухи об этом Иисусе, но он никогда не встречал Его лично. Он также слышал много сплетен и разных разговоров о Нем. Говорили, что Иисус совершал среди людей великие чудеса исцеления и даже изгонял бесов. Теперь Мордекай понял, почему вокруг этого человека была такая атмосфера властности, словно Он принадлежал к царской семье. Также он слышал, что этот Иисус является прямым потомком самого царя Давида как со стороны матери, так и со стороны отца, Иосифа. Другие сплетничали о том, что он был зачат вне брака. Мордекай пытался собрать все это воедино и упорядочить свои непрерывные мысли. Были ли эти слухи правдой? Если с этим человеком что-то не так, тогда почему Мордекай не может долго выдерживать Его взгляда, который, казалось, проникает прямо в душу? Никогда еще Мордекай не чувствовал такого святого присутствия, за исключением моментов, когда он осмеливался взглянуть на завесу, отделяющую его от Святая Святых во внутреннем дворе. Более того, в присутствии этого человека Мордекай переживал обличение в своей греховности, но не чувствовал осуждения. Кем же был этот сын Давида, стоящий сейчас перед ним?

ЕЖЕДНЕВНАЯ ЖЕРТВА БУДЕТ ОТМЕНЕНА

Поборов нескончаемый поток мыслей, Мордекай вновь стал активным участником разговора, и они продолжили его с того места, на котором остановились:

– Я – тот Агнец! Однажды всем этим жертвоприношениям будет положен конец. Больше не будет необходимости приносить в жертву агнцев, тельцов или козлов, потому что Я буду завершенной жертвой за тебя, твою семью, все священство и за весь Израиль.

Мордекай был ошеломлен услышанным, несмотря на то, что эти слова звучали так спокойно и естественно:

– Читай пророков, особенно пророка Исаию, и ты увидишь, что Мессия придет и искупит грехи Израиля. Прочти Иеремию, предсказавшего новый завет, который Бог заключит с Израилем. Прочти пророка Даниила, который сказал, что Мессия умрет, будучи распятым за грехи Израиля, и после этого Иерусалим будет взят, а этот Храм – разрушен жестоким правителем. Я – тот Мессия; Я – та жертва. Сейчас ты не понимаешь, что Я говорю, но однажды поймешь. Левитское священство, которое ты знал всю свою жизнь и которое существовало со времен Аарона и его сыновей, вот-вот станет ненужным. Но Бог создаст новое священство по чину Мелхиседека, которое заменит священство Аарона.

Иисус продолжил:

– Ты знаешь, что даже левитское священство не смогло сохранить Божью праведность. Только сыновья Садока, к которым принадлежат твои предки и семья, были верны всему священству.

Он сделал паузу, чтобы Мордекай смог осознать и понять его слова. Затем Иисус произнес:

– Наступит день, когда этот город и Храм, в котором мы сейчас находимся, будет окружен римской армией. Город будет завоеван, и от этого Храма не останется камня на камне.

Он снова сделал паузу, по-видимому, испытывая сострадание и чувствуя тяжесть на сердце от того, что хотел сказать. Он любил Иерусалим.

– Когда этот город будет окружен римскими войсками, тебе придется сделать выбор между жизнью и смертью. Действуй быстро, если хочешь выжить. После того как будет принесена завершенная жертва, необходимость в Храме и его жертвах отпадет.

Иисус помолчал и продолжил:

– Тебе придется решить, достаточно ли Моей завершенной жертвы за тебя и готов ли ты будешь ее принять. Это будет единственная возможность для твоего спасения. Когда ты увидишь, что город и Храм окружен, не оставайся и не пытайся защищать его. Если так поступите, ты и твой народ будете уничтожены – нападающие не пощадят никого.

Иисус вновь замолчал, и это молчание, казалось, длилось вечность, хотя прошло всего несколько секунд:

– Тебе придется бежать в горы, окружающие Иерусалим, чтобы спасти свою жизнь и семью, или остаться в Иерусалиме и умереть. Твои собратья сочтут тебя трусом и предателем. Тебе придется выбрать, кому ты будешь верен в первую очередь: Богу или своему народу, даже если они не поймут твоих действий. Все Мои слова уже предсказал Даниил и пророки, которых вы знали с детства.

Он снова сделал паузу:

– Ты не понимаешь всего, что Я сейчас говорю, но, когда ты увидишь, что Иерусалим окружен армиями вторжения, у тебя будет всего несколько мгновений, чтобы решить, в каком направлении нужно двигаться как для твоего физического выживания, так и для спасения твоей души.

Он с состраданием посмотрел в глаза Мордекая, а затем развернулся и направился к ступеням Храма, где скрылся из виду. Мордекай пребывал в размышлениях обо всем произошедшем: сон ли это, видение, а быть может, явление ангела? Как оказалось, никто, кроме него одного, не видел этого человека и не слышал их разговора. Как вообще возможно, чтобы этот славный Храм был разрушен? А каким образом священство, известное ему всю сознательную жизнь, будет упразднено и утратит свою актуальность навсегда? Могут ли 1500 лет служения священников и 14 поколений служения у жертвенника, совершения жертвоприношений в этом Храме в течение последних нескольких сотен лет закончиться навечно? Что имел в виду этот человек, говоря, что Он станет «завершенной жертвой» за Мордекая, его семью и весь Израиль?

Джеффри Коэн

ВОЗМОЖНО, ЭТО ОБЕЩАННЫЙ МЕССИЯ?

Мордекай вспомнил разговор с отцом во времена, когда был еще подростком и не вступил в активное священническое служение. Его отец дружил со святым мужем Божьим, которого многие считали пророком. Его звали Симеон, и это был праведный и благочестивый человек. Однажды Симеон сказал, что Бог через Духа Святого сообщил ему, что перед смертью он своими глазами увидит Мессию. Еще он рассказал о том, как Мириам (Мария) и ее муж Иосиф посвящали своего сына Господу в Иерусалимском храме, принеся за него обычную жертву. В этот момент Святой Дух привел в Храм Симеона, и Бог показал ему, что их младенец является Мессией Израиля. Симеон взял на руки это прекрасное дитя, поднял его перед Богом и поблагодарил Бога за него:

Ныне отпускаешь раба Твоего, Владыко, по слову Твоему, с миром, ибо видели очи мои спасение Твое, которое Ты уготовал пред лицом всех народов, свет к просвещению язычников и славу народа Твоего Израиля.
(Луки 2:29-32)

Может ли такое быть, что этот человек является взрослой версией того ребенка, о котором когда-то рассказал Мордекаю его отец Захария? Тогда же стало известно, что всего через несколько дней после того, как Симеон увидел это дитя и благословил, Бог, как и обещал, действительно забрал к Себе Симеона. Все произошедшее говорило о том, что Симеон выполнил свою миссию в этой жизни. Размышляя в своем сердце обо всех этих странных и чудесных событиях, Мордекай исполнился радости. Он знал, что никому не расскажет об увиденном и услышанном. Тем не менее он запомнил слова, которые ему только что были сказаны: «Ты не понимаешь то, о чем Я тебе сейчас говорю, но однажды ты все поймешь». Мордекай сохранил эти слова в своем сердце.

ВВЕДЕНИЕ

Даже если имена в этой истории являются моей выдумкой, в контексте событий I столетия этот пролог выглядит довольно правдоподобно.

Эта притча увязывает Евангелие со временем, когда Иисус ходил по земле. Факты, свидетельствующие о том, кто такой Иисус и что Симеон действительно видел Мессию в Храме, держал Его на руках и благословил, содержатся в Писании. Вся информация касательно того, что пророки говорили об Иисусе, о прекращении жертвоприношений животных и возможном разрушении Иерусалима и Храма, абсолютно верна.

Я использовал свое воображение, чтобы представить себе, как, по всей вероятности, мог бы звучать разговор между Иисусом и священником, служившим в Храме. В Писании мы читаем, что многие священники покорились вере. Судя по всему, среди них произошло пробуждение, к которому приложил руку Стефан. Возможно, по этой причине Савл (Павел) и одобрял его смерть. В Писании говорится:

И слово Божие росло, и число учеников весьма умножалось в Иерусалиме; и из священников очень многие покорились вере.
(Деяния 6:7)

Если Писание говорит, что «из священников очень многие покорились вере», значит, так и было. «Многие» не означает несколько. И если бы очень большое количество священников обратилось к Иисусу, то кто совершал бы ежедневные жертвы, приносимые сотни лет? Ясно, что вся левитская система, какой они ее знали, должна была вот-вот рухнуть, если бы не были предприняты какие-то решительные меры для ее спасения.

Этим священникам предстояло заплатить самую высокую цену и остаться ни с чем на этой земле, но, в свою очередь, приобрести все в вечности. В прологе я написал притчу, чтобы напомнить нам о реальности огромных перемен, которые принесла Израилю жертва Иисуса на кресте. Все, что им было хорошо известно на протяжении веков, изменилось навсегда. В следующих главах на основе Писания я покажу, как воспринимали Евангелие верующие евреи I века, которые росли и воспитывались в традициях Храма, праздников и системы жертвоприношений. Я покажу, как Павел и автор Послания к Евреям помогли им перейти от Ветхого Завета к Новому, что стало коренным и крайне резким перерождением в жизни первых верующих из евреев. Переход к Новому Завету кардинально преобразовал их жизнь и, в конце концов, навсегда изменил известный нам мир.

Я пишу эту книгу с верой и надеждой, что она максимально воздействует на ваше восприятие Евангелия, показав, какое огромное влияние оно оказало на тысячи евреев I века, ставших истинными учениками Иисуса и впоследствии совершенно преобразивших весь существующий мир. Я верю, что, как только вы переживете реальность того, что совершил Иисус, придя на Землю в I веке, ваш мир также совершенно изменится. Я молюсь, чтобы, пережив эту реальность, вы в свою очередь были способны оказать огромное влияние на свое поколение и окружающих вас людей!

ГЛАВА 1

НОВЫЙ ПЕРВОСВЯЩЕННИК ДЛЯ ИЗРАИЛЯ

Главное из того, о чем мы вам говорим, – это то, что у нас есть такой Первосвященник, Который находится на небесах по правую сторону от престола Всемогущего, служитель в святилище, в истинной скинии, воздвигнутой не людьми, а Господом.
(Евреям 8:1-2, НРП)

Большинство христиан знают Иисуса как Сына Божьего, как Господа и Спасителя, а также как Царя. Слава Богу, все это – Его титулы, о которых говорит Писание. Однако мало кто из верующих знает Его как своего Первосвященника, потому что это понятие чуждо большинству христиан и даже многим евреям. Основная причина кроется в том, что наше воспитание веры не предполагает наличие первосвященника – следовательно, для большинства это неприемлемо. У сатанистов и в некоторых странных культах тоже есть «первосвященники», но это всего лишь неудачная демоническая попытка скопировать оригинал с небес. Тем не менее в I веке, а также в течение сотен лет, когда действовали Первый и Второй храмы, слово «первосвященник» было не просто термином, а реальностью для всей еврейской общины и всех живущих в Израиле. Как я упоминал во введении, многие представители священства, согласно Деяниям, пришли к вере после воскресения Иисуса. Они, как никто иной, осознали, что теперь Иисус – единственный Первосвященник. Они верили, что Он навсегда заменил первосвященника из левитского священства. Левиты понимали реальность и видели потребность во власти и посредничестве первосвященника лучше, чем кто-либо другой. Они полностью подчинялись власти первосвященника в своих храмовых обязанностях и практиках.

Есть еще одна редко упоминаемая истина в Писании, которую в основном игнорируют. Вероятно, так происходит по той причине, что большинство теологов и проповедников не понимают, насколько она важна и что с ней делать. Первосвященник во времена Иисуса пророчествовал, что Иисус умрет за народ Израиля и детей Божьих в рассеянии. Мы видим это в Евангелии от Иоанна:

> *Один же из них, некто Каиафа, будучи на тот год первосвященником, сказал им: вы ничего не знаете, и не подумаете, что лучше нам, чтобы один человек умер за людей, нежели чтобы весь народ погиб. Сие же он сказал не от себя, но, будучи на тот год первосвященником, предсказал, что Иисус умрет за народ, и не только за народ, но чтобы и рассеянных чад Божиих собрать воедино.*
> (Иоанна 11:49-52)

Каиафа, первосвященник, предупредил слушающих, что Иисус умрет за Израиля, став жертвой за евреев и язычников, которые уверуют в Него в будущем. Фарисеи и первосвященники опасались, что если все евреи уверуют в Иисуса, то они потеряют свою нацию, свою национальную идентичность и центр своего поклонения. На самом деле правда заключалась в противоположном. Они потеряли свой народ, потому что отвергли своего Мессию и не узнали дня их посещения.

ИИСУС ПЛАЧЕТ НАД ИЕРУСАЛИМОМ

Подтверждение сказанному выше мы видим в словах Иисуса, когда Он оплакивал Иерусалим. Для Него было очевидным то, что национальное неприятие Его как Мессии будет иметь ужасные последствия для израильской нации и еврейского народа в целом. Интересно отметить, что если нация отвергает Бога и Евангелие, а также не признает их в течение короткого времени, то в результате приходит погибель. Как же важно научиться с серьезностью относиться к предупреждениям Писания! Вот что сказал Иисус, оплакивая Иерусалим:

> *Иерусалим, Иерусалим, избивающий пророков и камнями побивающий посланных к тебе! сколько раз хотел Я собрать детей твоих, как птица собирает птенцов своих под крылья, и вы не захотели! Се, оставляется вам дом ваш пуст. Ибо сказываю вам: не увидите Меня отныне, доколе не воскликнете: «благословен Грядый во имя Господне!»*
> (Матфея 23:37-39)

Далее мы читаем, что пророческое предупреждение Иисуса становится еще сильнее в момент, когда Его ведут на крест, что было одобрено религиозными лидерами того времени. Дочерям Иерусалима Он сказал такие ужасающие слова:

> *Иисус повернулся к ним и сказал:*
> *– Дочери Иерусалима, не плачьте обо Мне, плачьте лучше о себе и о своих детях. Наступает такое время, когда будут говорить: «Блаженны бесплодные, нерожавшие и не кормившие грудью!». Тогда «люди скажут горам: "Падите на нас!" и холмам: "Покройте нас!"». Ведь если с молодым и зеленым деревом делают такое, то что же будет с сухим?*
> (Луки 23:28-31, НРП)

Он пророчествовал о том, что именно постигнет Иерусалим и насколько опустошительно это будет для грядущего поколения их сыновей и дочерей, которые еще не родились. Исторические оценки касательно окружения Иерусалима римлянами в 70 г. н. э. и разрушения Храма различаются степенью опустошения. Однако большинство согласны с тем, что в той войне был уничтожен по меньшей мере миллион евреев, и многие из них погибли самым ужасным образом.

Говорят, что тысячи евреев были распяты, многие еврейские женщины изнасилованы, а их дети вырваны из рук и убиты подобно тому, как это делали нацисты во время Второй мировой войны. Вот почему Иисус сказал: «…блаженны неплодные, и утробы неродившие». По сути, Он говорил, что было бы лучше, если бы у них никогда не было детей, чем видеть, как их детей убивают у них на глазах самым жестоким образом. Затем Он продолжил:

*Ибо если с зеленеющим деревом это делают,
то с сухим что будет?*
(Луки 23:31)

Несмотря на то, что Израиль был оккупирован Римом, в те времена им было разрешено исповедовать свою веру и жить более или менее нормальной жизнью – то есть им была предоставлена большая свобода. Однако в период относительного спокойствия они отвергли своего собственного Мессию, хотя Ему еще до начала времен была предопределена смерть через распятие за грехи мира. Нет сомнений в том, что еврейский народ, к которому принадлежу и я, пережил разрушительные последствия за отвержение своего собственного Мессии на национальном уровне.

Христианский антисемитизм был катастрофическим для моего народа, и дьявол использовал его как злую силу, чтобы удержать от нас Евангелие и истину об Иисусе. Мой отец отправлял меня в частные еврейские школы в Южной Африке, чтобы оградить от «христианского антисемитизма», с которым он сам сталкивался в молодости. Когда ему было 14, он вместе с еще одним другом-евреем разбили у озера палаточный лагерь. Узнав, что они являются евреями, группа людей разбудила их среди ночи, бросая в палатку камни и крича: «Христоубийцы!» Это были африканеры (предки первых голландских поселенцев в Южной Африке), члены голландской реформатской церкви. Из-за такого опыта Евангелие было закрытой темой для моего отца, пока, к счастью, он не принял Иисуса на смертном одре. Несмотря на то, что христианский антисемитизм, увы, стал для моего народа камнем преткновения, мы все же должны признать, что, будучи еврейской нацией, мы действительно навлекли страшный суд на себя и своих детей за непринятие Иисуса. Было бы очень легко обвинить христианский антисемитизм во всех страданиях еврейского народа, обходя при этом реальную проблему, состоящую в том, что мы отвергли нашего собственного Мессию на национальном уровне и получили ужасные страдания. В конце концов придет время, когда Израиль (еврейский народ) осознает, что он сделал, и вся нация покается. Какой это будет славный день!

В ИЗРАИЛЕ ПРИБЛИЖАЕТСЯ ДЕНЬ НАРОДНОГО ПОКАЯНИЯ

Захария говорит, что грядет день национального покаяния в Израиле. Евреи будут каяться именно в том, что они отвергли Того, Который был пронзен за них:

> *А на дом Давида и на жителей Иерусалима изолью дух благодати и умиления, и они воззрят на Него, Которого пронзили, и будут рыдать о Нем, как рыдают об единородном сыне, и скорбеть, как скорбят о первенце.*
> *(Захария 12:10)*

Захария рисует удивительную картину национального покаяния. Можете ли вы представить, чтобы весь народ Израиля плакал и каялся в том, что отверг и распял своего Мессию? Это будет победоносный и радостный день, хотя его начало – плач и скорбь. Тем не менее именно эти две составляющие приводят к истинному покаянию. Мы будем плакать и скорбеть о наших грехах, а затем плач превратится в радость. Ни одному другому народу, кроме Израиля, не обещан такой день национального покаяния и полного обращения к Богу. В этот день молитвы тысяч христиан на протяжении веков наконец-то будут услышаны. В этот день сбудется Писание: «...и так весь Израиль спасется...»

(Римлянам 11:26). Безусловно, это относится ко всем евреям, которые будут живы на момент пришествия Господа и последующего покаяния. Павел описывает это время такими словами:

> *…и так весь Израиль спасется, как написано: «придет от Сиона Избавитель, и отвратит нечестие от Иакова. И сей завет им от Меня, когда сниму с них грехи их».*
> (Римлянам 11:26)

ДЕНЬ ИСКУПЛЕНИЯ

Как все это связано с пророчеством первосвященника Каиафы о том, что Иисус умрет за грехи израильского народа? Первосвященник полностью осознавал – возможно, больше, чем кто-либо другой, – тяжесть последствий греха для израильского народа. Прощение нации невозможно без жертвы крови за искупление. Раз в год, в Йом Кипур (День искупления), первосвященник приносил жертву за себя, а затем – за народ Израиля. Мы видим, что это подтверждается в послании к ранним христианам из евреев:

> *…а во вторую – однажды в год один только первосвященник, не без крови, которую приносит за себя и за грехи неведения народа.*
> (Евреям 9:7)

Это был исполненный благоговения день, потому что только первосвященник мог войти во Святое Святых. Не было речи о том, чтобы войти туда без необходимой жертвы крови, которую он должен был принести сначала за себя, а затем и за народ в целом. Он облачался в свои священнические одежды, в швах которых прикреплялись колокольчики, издающие звук, когда он был в движении. Также к одной из его ног была привязана веревка – ее длина позволяла священнику дойти до Святого Святых.

Люди пребывали в ожидании, затаив дыхание; они испытывали чувство облегчения, если слышали звон колокольчиков, –

это означало, что священник двигался и все еще был жив. Отсутствие звона обычно значило, что священник уже находился во Святом Святых с жертвой крови во искупление грехов нации. Однако звон также мог прекратиться в случае, если бы Бог не принял священника из-за нераскаянного греха, – это была бы мгновенная смерть и его пришлось бы вытаскивать при помощи веревки, обвязанной вокруг ноги. Дело в том, что если кто-либо, кроме первосвященника, попытается войти за завесу, закрывающую Святое Святых, то он сразу же умрет, потому что из-за неспособности людей всецело жить по Писанию никому нельзя видеть Бога. Вот что ответил Бог на просьбу Моисея увидеть Его славу:

> *И потом сказал Он: лица Моего не можно тебе увидеть, потому что человек не может увидеть Меня и остаться в живых. И сказал Господь: вот, место у Меня, стань на этой скале; когда же будет проходить слава Моя, Я поставлю тебя в расселине скалы и покрою тебя рукою Моею, доколе не пройду; и когда сниму руку Мою, ты увидишь Меня сзади, а лицо Мое не будет видимо.*
> (Исход 33:20-23)

Моисей мог видеть Бога только со спины, поскольку мгновенно умер бы, увидев Божью славу, исходящую от Его лица.

Мы знаем, что подобное произошло во время правления царя Давида, когда волы оступились и Оза незаконно прикоснулся к Ковчегу. В результате его постигла моментальная смерть. Мы читаем описание этой ситуации во 2-м Царств 6:7:

> *Но Господь прогневался на Озу, и поразил его Бог там же за дерзновение, и умер он там у ковчега Божия.*

Весь Израиль и, в первую очередь, первосвященник прекрасно понимали необходимость приближаться ко Святому Святых со страхом и святым благоговением. Таким образом, если колокольчики на одеянии священника переставали издавать звук, это означало, что он достиг Святого Святых и приготовился окропить кровью крышку Ковчега Завета между херувимами, осененную *шехиной*, то есть славой Божьей. И если спустя время священники и народ вновь слышали звон колокольчиков, это значило, что Бог принял жертву, как минимум на этот год дал искупление первосвященнику и народу, и теперь первосвященник возвращается. Люди в то время жили в благоговении, и в подобный день они испытывали страх и трепет перед Богом.

СОВЕРШЕННАЯ ЖЕРТВА

В послании к первым еврейским христианам Писание сравнивает первосвященника из левитского священства с новым Первосвященником. Новым Первосвященником является Иисус, в Которого мы верим и Которому имеем честь служить. Мы уже знаем, что первосвященник должен был вначале принести жертву за себя, а затем – за народ, однако об Иисусе и Его священстве сказано следующее:

> *Но Христос, Первосвященник будущих благ, придя с большею и совершеннейшею скиниею, нерукотворенною, то есть не такового устроения, и не с кровью козлов и тельцов, но со Своею Кровию, однажды вошел во святилище и приобрел вечное искупление.*
> (Евреям 9:11-12)

Давайте рассмотрим тот же стих в переводе ЕНЗ 1989 года:

> *Когда же Мессия пришел как коген гадоль всех благ, начавших совершаться уже сейчас, тогда, пройдя более великий, совершенный, нерукотворный шатер, он вошел в Святая Святых однажды и навеки. И вошел он не кровью козлов и телят, но своей собственной кровью, таким образом, навеки освободив людей.*

Там сказано, что Он вошел в «совершенный, нерукотворный шатер». Это означает, что этот шатер не был сделан человеческими руками, т. е. это подлинный шатер на небесах. Не забывайте, что первый шатер, построенный Моисеем, был лишь копией небесного подлинника. Вот почему Моисею было велено действовать точно по образцу, данному Богом при строительстве шатра. Он должен был быть точной копией подлинного шатра на небесах. Бог прямо сказал об этом в Своем наставлении Моисею:

> *Смотри, сделай все точно по образцу,*
> *который был тебе показан на горе.*
> (Исход 25:40, НРП)

Я знаю, это звучит невероятно, но, как мы читаем, Иисус входит в более великий и совершенный шатер на небесах через Свою собственную кровь. Это означает, что даже престол Господень на небе был окроплен кровью, подобно земному шатру. Кропление кровью тельцов и козлов позволяло достичь церемониальной чистоты лишь на какое-то время, а кропление Кровью Христа (Мессии) очищало от грехов раз и навсегда. Мы только что читали: «…и не с кровью козлов и тельцов, но со Своею Кровию, однажды вошел во святилище и приобрел вечное искупление» (Евреям 9:12). Иисус не нуждался в жертве, чтобы войти во Святое Святых на небесах. Он уже жил на небесах всю вечность, прежде чем пришел на землю. Он расчистил нам путь, чтобы мы смогли войти в небесный шатер и подойти к престолу Господнему у трона Самого Бога.

Вот почему христианам из евреев, которые из-за принятия Иисуса как своего Мессии были изгнаны из синагог и часто теряли работу и собственность, дается такое увещевание:

> *Итак, братия, имея дерзновение входить*
> *во святилище посредством Крови Иисуса Христа,*
> *путем новым и живым, который Он вновь открыл*
> *нам через завесу, то есть плоть Свою, и имея великого*
> *Священника над домом Божиим, да приступаем*
> *с искренним сердцем, с полною верою, кроплением очистив*
> *сердца от порочной совести, и омыв тело водою чистою,*

*будем держаться исповедания упования неуклонно,
ибо верен Обещавший.*
(Евреям 10:19-23)

Мы часто читаем эти стихи, не понимая контекста. Автор Послания к Евреям призывает молодых верующих евреев, которые уже всем пожертвовали, встать на защиту Иисуса в еврейской общине.

Теперь все они могут иметь одинаковый доступ во Святое Святых, что ранее было позволено только первосвященнику – раз в год и всего на несколько мгновений. Невероятные слова, которые трудно постичь естественным умом: теперь все они могут входить во Святое Святых со смелостью, а не со страхом и трепетом. Здесь нет призыва отбросить здравый Божий страх, нет, – им было сказано, что теперь есть возможность с дерзновением подходить к престолу благодати, потому что Бог не отвергнет совершенную жертву крови Иисуса. Главное условие принятия – быть под покровом Его крови. Бог принял жертву Иисуса раз и навсегда, и теперь им больше не нужно бояться того, примет Бог жертву или нет. Тем не менее все это было абсолютно новым для евреев, так что им нужно было приспособиться к другому формату взаимоотношений с Богом. К Нему нельзя приближаться с гордым сердцем, но только со святым дерзновением, основанным на совершенной жертве Иисуса. Вот почему я решил написать эту книгу с позиции еврейского священника из левитов, который, как никто другой, понимал реальность того, что принесет Новый Завет. Какие резкие и радикальные перемены грядут в его жизни и жизни всех в Израиле, кто примет Агнца Божьего, Который берет на Себя грех мира!

ГЛАВА 2

ОДНА ЗАВЕРШЕННАЯ ЖЕРТВА

Он вознесся не для того, чтобы снова и снова приносить Себя в жертву, подобно тому как первосвященник каждый год входит в Святая святых, неся с собой не свою кровь. Иначе с сотворения мира Ему бы надлежало приносить Себя в жертву великое множество раз. Сейчас же Он явился к концу веков, однажды и навечно, чтобы покончить с грехом, принеся Себя в жертву.
(Евреям 9:25-26, Святая Библия: Современный перевод)

Если мы, читая Библию, хотим полностью ее понять, то необходимо знать, кто был целевой аудиторией в те времена. Безусловно, мы говорим о Слове Божьем, которое применимо ко всем верующим всех эпох. Однако, чтобы все мы извлекли из него максимальную пользу и понимание, важно применять его в контексте, в котором оно писалось, и с учетом аудитории, для которой оно было написано. Читая Послание к Евреям, христиане иногда меньше всего думают о Храме Израиля, разрушенном около 2000 лет назад. Кроме того, они часто не осознают, что это послание было адресовано верующим в Иисуса из евреев, которые боролись не только за свою жизнь и будущее, но и за свои души. Все, что раньше им было хорошо известно, потеряло всякий смысл, и единственное, что осталось (самое важное), – это твердая скала Самого Иисуса. Все остальное было потрясено до основания. Их выгоняли из синагог за веру; нередко они вообще оставались без средств к существованию, а их собственность и имущество конфисковывали. Почему так происходило? Дело в том, что еврейской общине приходилось быть очень сплоченной, чтобы выжить во враждебном антисемитском мире, и поэтому они заботились друг о друге. Как только становилось известно, что кто-то из них исповедал Иисуса как Мессию, такой человек практически сразу терял всю свою безопасность. Все это явно прослеживается в Послании к Евреям.

Вероятнее всего, автором Послания к Евреям был Павел. Он ссылается на свои узы в темнице и говорит: «…ибо вы и моим узам сострадали, и расхищение имения вашего приняли с радостью, зная, что есть у вас на небесах имущество лучшее и непреходящее» (Евреям 10:34). Я действительно считаю себя человеком веры, который стоит только на Божьей благодати, но я не уверен, что считаю себя достойным быть рядом с этими ранними христианами-евреями, которые в буквальном смысле отдали все за свою веру в Иисуса. Мы только что прочитали о них следующее: «…и расхищение имения вашего (их) приняли с радостью, зная, что есть у вас (у них) на небесах имущество лучшее и непреходящее» (Евреям 10:34). Допускаю, что вы можете быть намного достойнее меня, но я не уверен, что радовался бы, если бы мой дом и все мое имущество конфисковали. Тем не менее мы читаем в Писании, что эти верующие с радостью приняли потерю всего, чем они владели, и даже единственных средств к существованию ради своей веры в Иисуса. Павел написал им это послание, поскольку некоторые из них начали колебаться и подумывать о том, что, возможно, им следует вернуться в иудаизм. Они надеялись, что каким-то образом смогут реинтегрироваться в еврейскую общину, попробуют возвратить источники собственного существования и подобие нормальной жизни, которая у них была до момента принятия Иисуса как Мессии.

Это письмо адресовано колеблющимся, чтобы ободрить их твердо стоять в вере, потому что в конечном итоге такое решение будет вознаграждено Богом. Хотя все их имущество конфисковали, в те времена осознание вечности и реальности небес были настолько сильны, что они смогли с радостью принять разграбление своего земного достояния. Я не пытаюсь как-то оправдать тех, кто колебался в своей вере. Здесь акцент на другом: прежде чем выносить суровый приговор кому-либо из них, давайте сначала рассмотрим, что они поставили на карту. Ставки для них были очень высоки как на этой земле, так и в вечности. Они собирались принять решение о жизни и смерти как для этой жизни, так и для мира грядущего. Таким образом, автор этого письма, который, судя по всему, сам является евреем, дает им недвусмысленно понять, о чем идет речь. Здесь используется множество образов Второго храма, включая левитское священство и систему жертвоприношений. Более чем очевидно, что в период создания послания Храм все еще стоял и действовал. Большинство экспертов сходятся во мнении, что оно было написано около 67 г. н. э., то есть примерно за три года до разрушения Храма.

Логично предположить, что автор, признав высокую цену, которую евреи уже заплатили за свою веру, вполне мог бы сказать им несколько утешительных слов по поводу их жертвы, но он этого не сделал. Фактически автор продолжает говорить им, что если они пока не замучены за свою веру, то должны быть благодарны за то, что все еще живы. Вот что он говорит:

В вашей борьбе с грехом вам еще не приходилось сражаться насмерть. Возможно, вы забыли слово ободрения, обращенное к вам как к сыновьям:
«Сын мой, не относись с легкостью к строгости Господа и не падай духом, когда Он упрекает тебя. Потому что Господь взыскивает строго с тех, кого любит, и наказывает того, кого принимает в сыновья».
(Евреям 12:4-6, Святая Библия: Современный перевод)

Вам понравилось бы такое «слово ободрения» после того, как вы только что отказались от всего, чем владели и что знали всю свою жизнь, ради сохранения истинной веры? Должно быть, автор Послания к Евреям не был обучен ободрять и утешать Божий народ, как многие наши современные духовные наставники. Простите меня за то, что я взял на себя смелость сказать это «с иронией». Просто я пытаюсь нарисовать картину христианства I века и показать цену, которую им пришлось заплатить, по сравнению с той, которую платит за нашу веру большинство из нас или, по крайней мере, большая часть западного церковного мира. По сути, автор утешает их, говоря, что они действительно должны быть благодарны, поскольку их борьба «еще не» привела к смерти или мучениям за веру. Обратите внимание, что даже перед лицом невообразимых страданий Писание никогда не снижает планку полной преданности Иисусу любой ценой. Все дело в том, что любая цена, которую мы обязаны заплатить за нашу веру, меркнет по сравнению с самой высокой ценой, которую пришлось заплатить Ему за спасение наших душ.

РАДИКАЛЬНАЯ АЛЬТЕРНАТИВА

Автор Послания к Евреям, вдохновленный Святым Духом, предлагает верующим евреям, которые отстаивают свою веру, довольно радикальную альтернативу. Он говорит так:

> *Ибо если мы, получив познание истины, произвольно грешим, то не остается более жертвы за грехи, но некое страшное ожидание суда и ярость огня, готового пожрать противников. Если отвергшийся закона Моисеева, при двух или трех свидетелях, без милосердия наказывается смертью, то сколь тягчайшему, думаете, наказанию повинен будет тот, кто попирает Сына Божия и не почитает за святыню Кровь завета, которою освящен, и Духа благодати оскорбляет? Мы знаем Того, Кто сказал: «у Меня отмщение, Я воздам, говорит Господь».*
> *И еще: «Господь будет судить народ Свой».*
> *Страшно впасть в руки Бога живого!*
> (Евреям 10:26-31)

Он дает им понять, что если они отвергнут Новый Завет и вернутся к закону Моисееву и старой системе жертвоприношений, то, по сути, они попирают Сына Божьего ногами и должны будут столкнуться с гневом Божьим, потому что такой человек «Духа благодати оскорбляет». Затем его слова приобретают еще более суровое звучание: автор говорит, что если они вернутся к старой системе с ее постановлениями, то столкнутся с местью Божией. Он говорит: «Мне отмщение, Я воздам», – говорит Господь. И еще: «Господь будет судить народ Свой» (Евреям 10:30).

Думаю, в этом случае комментарии излишни. Трудно сказать яснее. Конечно, автор Послания к Евреям знает, как «скоординировать» этих первых верующих из евреев в правильном направлении, чтобы они твердо стояли в вере и ни в каком формате не возвращались к иудаизму. Ни одна из книг Библии не ориентирует нас на разбавленное евангелие или слабую веру. Варианты понятны, и на кону поставлена вечность.

ПЕРВОСВЯЩЕННИК И ЦАРЬ

Почему слова автора Послания к Евреям кажутся такими резкими – в случае, если эти верующие евреи решат вернуться к иудаизму, сконцентрированному вокруг Храма и его жертвоприношений? Причина заключается в том, что теперь у них есть Первосвященник на небесах. Нам крайне трудно понять эту концепцию, но для первых верующих она была дороже самого драгоценного сокровища, которое могла предложить эта земля. Ради Первосвященника они были готовы отказаться от всего, что у них было. Ведь теперь у них есть такой Первосвященник, Который никогда не умирает и всегда находится рядом! Пришло время, когда они могли каждый день, в любой момент, входить прямо во Святая Святых. Все это было бы невозможно при *левитском священстве* – как мы уже обсуждали, они мгновенно умерли бы по той причине, что *шехина*, то есть слава Божья, все еще была за завесой.

Этот Первосвященник пришел не только для того, чтобы простить наши грехи, но и для того, чтобы навсегда удалить грех и разрушить власть греха в нашей жизни. Ибо сказано: «Он же однажды, к концу веков, явился для уничтожения греха жертвою Своею» (Евреям 9:26). В Ветхом Завете грехи людей могли быть только покрыты, но теперь, благодаря нашему великому Первосвященнику, они могут быть устранены навсегда и власть греха над нашей жизнью может быть разрушена. Только Кровь креста, в случае нашего покаяния, может очистить нашу совесть от воспоминаний о наших грехах, тогда как при Ветхом Завете жертвы служили напоминанием о грехах. Это подтверждается в Послании к Евреям, где сказано: «Но эти жертвы служат для того, чтобы из года в год напоминать о грехе, потому что кровь быков и козлов не может устранять грехи» (Евреям 10:3-4, НРП). Мы также видим здесь подтверждение того, что кровь тельцов и козлов всего лишь покрывала наши грехи, пока не пришел Иисус и не принес Себя в жертву, чтобы устранить грехи навсегда. Жертвоприношения напоминали нам о тяжести нашего греха, и совесть молящегося не могла очиститься.

В Новом Завете все обстоит по-другому. Исповедав наши грехи и покаявшись, мы сразу приобретаем совершенно чистую совесть, а грехи уходят так далеко, как восток от запада. И потому всякое упоминание о прошлых грехах исходит от нашего противника дьявола, который назван обвинителем братьев. Писание говорит: «Итак, покоритесь Богу; противостаньте диаволу, и убежит от вас» (Иакова 4:7). Мы, Божий народ, очень благословлены тем, что Сидящий на престоле одновременно является и Царем, и Первосвященником. Какое потрясающее сочетание! Это идеальный пример лидерства для этого мира: нам нужен не только царь, который будет править нами, но также священник, который будет вести народ путями Божьими. Это совершенное слияние проявится для Израиля и всего мира только в Иешуа (Иисусе), когда Он однажды вернется, чтобы править из Иерусалима. Мы видим, как Исаия пророчествовал о том, что на плечи Иисуса будет возложена власть:

Ведь Младенец родился нам, Сын дан нам!
На плечи Его будет возложена власть.
(Исаия 9:6, НРП)

Далее мы видим, что Захария также предсказал, что Иисус будет править не только как Царь, но и как Священник. Пророк подтверждает это, говоря следующее:

…и будет владычествовать на престоле Своем;
будет и священником на престоле Своем,
и совет мира будет между тем и другим.
(Захария 6:13)

Таким образом, в Иисусе мы видим абсолютного лидера, который является и Царем, и Первосвященником в одном лице. Поскольку вся власть – на Его плечах, Он будет не только справедливым Правителем, но и Священником, направляющим людей к праведности.

ПРОШЕДШИЙ НЕБЕСА

Мы с вами имеем не только Царя, но и великого Первосвященника, принесшего совершенную жертву за всех нас и восседающего на Своем престоле. Это значит, что Он «прошел небеса», чтобы дать нам прямой доступ к Божьему престолу всякий раз, когда мы будем в этом нуждаться. Если мы действительно понимаем нашу потребность в Боге и наше бессилие, то всегда нуждаемся в Его милости и благодати. Прямой доступ к Его престолу нам нужен всегда, а не только в чрезвычайной ситуации. Бог не хочет, чтобы мы были подобны древнему Израилю, который приходил к Нему только в момент отчаяния, будучи в стесненных обстоятельствах, когда обращение к Богу было единственным вариантом для избавления. Тогда они вопияли к Богу, и Он слышал их и избавлял, потому что Он милостив. Однако вскоре после этого они вновь забывали Его. Бог желает, чтобы мы проживали всякое мгновение каждого дня в полной зависимости от Него, поскольку, лишь осознавая свою полную зависимость от Него, мы способны действительно начать приносить плоды, которые выдержат испытание временем. Мы можем иметь доступ непосредственно к Его престолу, потому что, как мы уже упоминали, Он «прошел небеса». В Писании сказано:

> *Итак, имея Первосвященника великого, прошедшего небеса, Иисуса Сына Божия, будем твердо держаться исповедания нашего.*
> (Евреям 4:14)

Словосочетание «прошел небеса» говорит не только о том, что Иисус прошел сквозь облака и галактики, пока, наконец, не добрался до небес; оно также означает, что посредством Своей жертвы на кресте Он в буквальном смысле преодолел все препятствия, удерживающие нас от престола Божьего. Осознав эту истину, мы одновременно почувствуем в нашем хождении с Ним и благодарность, и воодушевление. Нам необходимо в полной мере воспользоваться доступом к Божьему престолу. Бог ожидает этого от нас, потому что Иисус заплатил самую высокую цену, чтобы приобрести для нас это право. Поскольку за нас была принесена такая жертва, автор Послания к Евреям говорит от нашего лица:

> *Посему да приступаем с дерзновением к престолу благодати, чтобы получить милость и обрести благодать для благовременной помощи.*
> (Евреям 4:16)

Мы видим призыв приходить к Богу с дерзновением и уверенностью. Здесь имеется в виду не самоуверенность и высокомерие, а, скорее, глубокая убежденность в том, что Он слышит нас и поможет нам в трудную минуту. Итак, давайте приблизимся к Его престолу со спокойной уверенностью, что Он слышит каждую нашу молитву и просто ждет, когда мы призовем Его имя. Мы не должны жить в страхе оттого, что Он может как принять нас, так и отвергнуть, как жил древний Израиль. Мы приняты Им на все 100 %, потому что Он полностью принял за нас жертву нашего великого Первосвященника!

ГЛАВА 3

КТО НА САМОМ ДЕЛЕ УБИЛ ИИСУСА?

Потому любит Меня Отец, что Я отдаю жизнь Мою, чтобы опять принять ее. Никто не отнимает ее у Меня, но Я Сам отдаю ее. Имею власть отдать ее и власть имею опять принять ее. Сию заповедь получил Я от Отца Моего.
(Иоанна 10:17-18)

На протяжении веков в адрес евреев выдвигались жесткие обвинения в том, что они убили Иисуса. Их называли «христоубийцами» и еще более страшными словами, которые я не могу и не хочу повторять в этой книге. К огромному сожалению, происходили погромы, преследования и даже убийства евреев; и нередко слово «христоубийцы» было последним, которое они слышали на этой земле. Разумеется, мы подходим к более широкой проблеме антисемитизма. Увы, на протяжении веков, когда в стране или регионе что-то происходило не так и больше некого было обвинить, именно евреи становились «козлами отпущения». И, судя по всему, первое место в списке обвинений, предъявляемых христианскими антисемитами, – если вообще антисемита можно назвать христианином, – обычно занимает обвинение в том, что евреи убили Христа. Мы знаем, что Христос – это греческое слово, обозначающее Мессию или «Помазанника». Каждый человек, называющий себя христианином, должен считать Священное Писание единственным и окончательным авторитетом в любом вопросе. Христианин по определению является последователем единственного истинного Бога и Его Сына Иисуса. Мы не можем прийти к заключению, основанному на наших личных предубеждениях или даже на собственном мнении или философии, но только на основании того, что говорит по тому или иному вопросу Писание. Благодарение Богу, что всякий истинный последователь Иисуса считает Слово Божье общепризнанным авторитетом по любому вопросу, и такая позиция усмиряет все аргументы и мнения людей! Более того, ни одно человеческое возражение не устоит против авторитета Писания! Итак, давайте посмотрим, что же говорит Писание о том, кто убил Христа. Это положит конец любым дискуссиям и дебатам христиан, поскольку мы позволяем Слову Божьему дать единственный законный и авторитетный ответ на этот вопрос.

ИИСУС СКАЗАЛ, ЧТО ОН ОТДАЕТ СВОЮ СОБСТВЕННУЮ ЖИЗНЬ

Иисус говорит в Писании, что Он отдает Свою собственную жизнь и никто не отнимает ее у Него. Следовательно, либо кто-то забирает у Него жизнь, в чем некоторые обвиняют иудеев, либо истинны только слова Иисуса: никто не забирает у Него жизнь, поскольку Он Сам отдает ее по Своей воле. Оба варианта не могут быть правильными – мы можем выбрать или первый вариант, или второй. Как еврей-христианин или мессианский еврей (для меня одинаково удобны оба термина), я верю, что все слова Иисуса – это Слова Самого Бога. Сам Иисус сказал: «…небо и земля прейдут, но слова Мои не прейдут» (Матфея 24:35). В последний раз, когда я проверял это, небо и земля все еще находились на своем месте, и даже когда они исчезнут, слова Иисуса останутся неизменными. Этот факт делает Его слова самым надежным и вечным товаром из всех существующих! Итак, подводя итоги, давайте посмотрим, что Сам Иисус говорит о том, кто забирает Его жизнь:

Потому любит Меня Отец, что Я отдаю жизнь Мою, чтобы опять принять ее. Никто не отнимает ее у Меня, но Я Сам отдаю ее. Имею власть отдать ее

> *и власть имею опять принять ее.*
> *Сию заповедь получил Я от Отца Моего.*
> (Иоанна 10:17-18)

По словам Иисуса, Он отдал Свою жизнь по Своей свободной воле. Это буквально означает, что никто не забирал Его жизнь и ни один человек (ни одна личность) не имел силы забрать ее, потому что Он Сам отдал Свою жизнь. Более того, Он также получил силу от Отца вновь принять ее. Об этом явственно свидетельствует воскресение после распятия. Эти факты потрясают и действительно меняют правила игры для каждого человека, который, как и я, верит, что Писание – это реальные Слова Бога. Когда Иисуса избивали, высмеивали и распинали, все выглядело так, будто Он не контролировал эти события, однако все находилось в Его ведении от начала до конца. Вместе с тем это никоим образом не умаляет того факта, что все, через что Он прошел, было чрезвычайно мучительным испытанием не только на физическом уровне, но и – в особенности – на духовном. Писание говорит нам: «Ибо не знавшего греха Он сделал для нас *жертвою за* грех, чтобы мы в Нем сделались праведными пред Богом» (2 Коринфянам 5:21). Я верю, что для Иисуса это была самая мучительная часть. Он был и есть чистым, и в Нем нет и тени греха. Тем не менее все грехи мира были возложены на Иисуса, чтобы через веру в Него мы могли стать праведностью Бога в Нем. Какой невероятный дар спасения Он совершил для нас!

ОН БЫЛ ЗАКЛАН ДО СОЗДАНИЯ МИРА

Библия отличается от любой другой книги тем, что это единственная существующая книга, которая на самом деле является Словом Божьим, а не словами человека. Она была написана не просто людьми, а святыми мужами древности, которые под водительством Духа Божьего записывали каждое слово, сказанное Самим Богом. В отличие от других книг, которые могут быть проанализированы психологами, Библию «невозможно толковать самому». Мы читаем в Писании: «Только прежде всего помните, что ни одно из пророчеств Писания невозможно толковать самому, ибо никогда *эти* пророчества не произносились по воле человека. Если же изрекали их люди, то *всегда* от *имени* Бога, движимые Духом Святым» (2 Петра 1:20-21, Библия под ред. Кулаковых). Обратите внимание, что цитата начинается со слов «Только прежде всего помните». Иначе говоря, даже не пытайтесь развивать дальше свою собственную точку зрения касательно интерпретации, если вы не будете следовать данному правилу. Это хороший совет, который поможет нам не навлечь Божий суд на самих себя. Иаков, сводный брат Иисуса, говорит, что преподающие Библию будут судимы строже, чем кто-либо другой: «Братия мои! не многие делайтесь учителями, зная, что мы подвергнемся большему осуждению…» (Иаков 3:1).

Суть ясна: не стоит даже пытаться решать, что значит для нас тот или иной стих, или применять наш собственный «метод толкования», созданный человеком, – лучше просто принять Слово буквально и воздать Богу всю хвалу и славу за Его вечную истину. Один муж Божий утверждал следующее: «Бог сказал – я верю; и на этом вопрос решен!» Мой подход к Слову Божьему идентичен. Возможно, вы спросите: «Джеффри, почему ты всегда приводишь такие веские доводы в пользу авторитета Священного Писания, прежде чем сделать важное заявление?» Ответ прост: в нашем поколении Слово Божье подвергается такой сильной атаке, что, к сожалению, даже в евангельской церкви, открыто исповедующей веру, мы стали просто одержимы чрезмерным анализом почти каждого места Писания. Этим мы умаляем его силу, и оно теряет первоначальное влияние, которое должно было оказывать на нашу жизнь, потому что мы больше не растворяем его верой. Пришло время снова вернуться к простоте Евангелия без примесей.

Я перехожу к следующему пункту, который заключается в том, что Писание называет Иисуса Агнцем Божьим, закланным до создания мира. Близится час, когда те, кто отвергают истину, будут преданы поклонению лжемессии, известному в христианских кругах как антихрист. Это произойдет потому, что они отвергли любовь к истине и отказались поклоняться подлинному Мессии, которого зовут Иисус или – на иврите – Иешуа. Вместе с тем следующее место Писания называет Иисуса Ягненком, предназначенным в жертву до сотворения мира: «Ему поклонятся все жители земли, имена которых не вписаны в книгу жизни Ягненка, предназначенного в жертву прежде, чем создан был мир» (Откровение 13:8, СРП-2). Наше внимание здесь сосредоточено не на грядущем лжемессии, о котором Иисус предупреждал Израиль и весь мир и который еще не пришел, а на том, что этот стих говорит об истинном Мессии – Иисусе.

В стихе сказано, что Он был «заклан от создания мира». Только Писание могло утверждать подобное, что является словами Самого Бога. Только Он видит и понимает все с точки зрения вечности, в которой Он обитает. Можно было бы написать целую книгу на тему заклания Иисуса до создания мира. Если мы посмотрим на это суждение с позиции естественных человеческих представлений, а не с точки зрения вечного престола Божьего, то все это не имеет ни малейшего смысла. Тем не менее в глазах Бога это утвержденный факт. Если размышлять о заклании Иисуса с позиции «логики», то все выглядит весьма странно, потому что Иисус был убит всего около двух тысяч лет назад. Тогда как же Он мог быть убит «от создания мира»? Иисус был во плоти приблизительно две тысячи лет назад, следовательно, до этого времени Он еще не был во плоти! Безусловно, речь идет о предопределенном плане и воле Божьей, которая состояла в том, чтобы Иисус был убит за грехи мира. Бог заранее знал, что человек вместо праведности выберет грех, и поэтому у Него уже был план решения этой проблемы еще до того, как она возникла. Пусть это будет утешением для всех нас: у Бога уже есть решение для всех проблем человечества еще до того, как они возникают! Конечно, корень всех этих проблем – грех, и единственный ответ на грех – смерть Иисуса на кресте и Его последующее воскресение.

Я поделился этим местом Писания с целью задать вам один вопрос: **«Существовали ли евреи до основания мира?»** Не спорю, это риторический вопрос. Конечно же, евреев тогда не было, поскольку еще не сформировалось человечество. Итак, если Иисус был убит еще до того, как появился еврейский народ и возникло все человечество, то почему евреи должны нести ответственность за смерть Иисуса? Думаю, вы усматриваете логику в моем вопросе. Иисус должен был умереть, чтобы искупить человечество от их собственных грехов. Другого решения проблемы греха не было и не будет. Так должно было произойти, иначе человечество не смогло бы получить искупление!

ЕВРЕИ УБИЛИ ХРИСТА?

Помню, много лет назад я проходил обучение по программе подготовки менеджеров для сети христианских книжных магазинов. Вероятно, исполняющая обязанности менеджера на тот момент имела некоторые антисемитские наклонности, что проявилось в ее высказывании в мой адрес. Я забыл контекст, в котором началась дискуссия, но она достигла апогея, когда эта женщина сделала заявление в довольно пренебрежительной манере.

Она сказала: «Евреи убили Христа!»

Я был немного в шоке от ее слов, потому что это было последнее, чего я от нее ожидал. Каким-то образом я сохранил самообладание и, недолго думая, ответил следующее: «Круто! Если еврейский народ убил Христа, тогда вы должны очень сильно его любить!» Она недоверчиво посмотрела на меня, и на ее лице появилось озадаченное выражение. Она явно не ожидала от меня такого ответа, да и я, если честно, тоже его от себя не ожидал. Думаю, мы оба были в шоке. Я верю, что Святой Дух использовал меня, чтобы говорить к ее сердцу.

Я продолжил: «Если бы евреи не убили Христа, вы никогда не смогли бы спастись и у вас не было бы шанса когда-либо попасть на небеса. Значит, вы должны действительно сильно любить еврейский народ!» Она замолчала и с этого момента больше ничего не говорила на подобную тему. Надеюсь, это дало ей «пищу для размышлений», и впредь она будет более осторожной, прежде чем заявлять такое кому-либо еще, особенно еврею, каковым я и являюсь. Сколько ненужных страданий выпало на долю еврейского народа из-за христианского невежества в отношении плана и цели Бога и просто незнания того, чему на самом деле учит Писание по этому вопросу! Но гораздо более трагично то, сколько бесчисленных тысяч евреев были удержаны от Царства Божьего, поскольку в этих обвинениях не было любви и заботы о спасении еврейского народа, а лишь злоба. В некоторых случаях подобные заявления звучат с неприкрытой ненавистью. Как важно с осторожностью относиться к своим словам, понимая, что они могут в буквальном смысле принести жизнь или смерть слушателю!

В той ситуации я смог проигнорировать оскорбление, поскольку, к счастью, мне было известно, чему учит Писание по этому вопросу, и я понял, что ее слова были основаны на невежестве. Вероятно, она слышала это от своих родителей или бабушек и дедушек за обеденным столом и просто передала их разговор и отношение. По всей видимости, такое отношение, как это часто бывает, переходило из поколения в поколение и стало образом мышления касательно еврейского народа в целом. Вот почему, как я сказал ранее, нам, христианам, крайне важно всецело руководствоваться Писанием во всех жизненных вопросах; особенно, если наше отношение может принести слушателю либо жизнь, либо смерть. В рассматриваемом случае предрассудки такого рода могут в прямом смысле удерживать еврейский народ от Царства, а также от их Спасителя и Мессии, Который очень сильно любит их. Я не хотел бы нести ответственность за то, что кто-то преткнулся по причине моего невежества или бесчувственности. И, безусловно, я никогда не хотел бы отвечать перед Иисусом за то, что оттолкнул Его собственный народ от Него вместо того, чтобы направить их к Нему! Пусть Бог помилует всех нас за то, как мы используем наши слова!

Итак, евреи ли убили Иисуса? По словам Самого Иисуса, ни один человек не в силах Его убить. Он – вечный Бог и Царь всего. Он отдал Свою жизнь в жертву за всех, прежде всего за Израиль и весь еврейский народ, то есть за Своих собственных братьев, которых Он очень любит. Мы находим подобное заявление в посланиях еврея, являвшегося последователем Иисуса и написавшего большую часть Нового Завета: «Ибо я не стыжусь благовествования Христова, потому что *оно* есть сила Божия ко спасению всякому верующему, во-первых, Иудею, *потом* и Еллину» (Римлянам 1:16).

ГЛАВА 4

НОВЫЙ ЗАВЕТ С ИЗРАИЛЕМ

Вот приходят дни, возвещает Господь, когда Я заключу новый завет с домом Израиля и с домом Иуды. Этот завет будет не таким, какой Я заключил с их праотцами, когда Я за руку вывел их из Египта, потому что они нарушили Мой завет, хотя Я был им супругом, возвещает Господь.
(Иеремия 31:31-32, НРП)

Какие образы приходят нам на ум, когда мы размышляем о сочетании слов «Ветхий Завет»? Например, мы часто вспоминаем сцену из фильма «Десять заповедей» с Чарлтоном Хестоном или что-то подобное. Мы обязательно вспомним различные ситуации с Моисеем и детьми Израиля. Предположим, мы можем увидеть, как их преследуют египтяне, а затем расступается Красное море и через некоторое время погибает армия фараона, пытавшегося их преследовать. Я хочу сказать, что нам обязательно придут на ум эпизоды, повествующие о еврейском народе на каком-то этапе избавления или в пустыне, где Бог чудесным образом обеспечивал их. Те из нас, кто библейски более эрудирован, вероятно, подумают о Моисее, спускающемся с горы с Десятью Заповедями, или даже об окроплении скинии и святынь кровью, поскольку завет был утвержден на крови.

Когда я упоминаю словосочетание «Новый Завет» и спрашиваю людей, какие образы возникают перед ними, они обычно говорят, что это Иисус на кресте, или здание церкви, или картина «Тайная вечеря» Леонардо да Винчи, или подобное изображение. На знаменитой картине да Винчи все ученики выглядят очень по-европейски, некоторые из них даже светловолосые. Они сидят за очень европейским столом с длинными ножками, на стульях западного образца, наподобие тех, что явно сделаны в Европе. Однако в действительности все ученики Иисуса были евреями, и крайне маловероятно, чтобы кто-то из них был очень белокожим или с западными чертами лица. Кроме того, они должны были бы возлежать на подушках вокруг пасхального стола, а не сидеть за жестким классическим европейским столом на изящных высоких стульях. Я думаю, что Леонардо да Винчи, безусловно, является одним из величайших художников всех времен, и я ни в коей мере не умаляю его искусство. Он просто воплотил то, что, вероятно, всегда слышал об Иисусе и Евангелии в западном и европейском контексте, не зная ничего лучшего. По всей видимости, он очень мало знал о культуре и традициях евреев. То, что он действительно знал или чему его учили, почти наверняка было негативным, что, к сожалению, считалось «нормальным» в те дни.

ТРАДИЦИОННОЕ ХРИСТИАНСКОЕ ИЗОБРАЖЕНИЕ ЕВАНГЕЛИЯ

Картина да Винчи является доказательством догмы и примером предвзятого отношения к евреям. Почему? Потому что единственный человек, который имеет «еврейскую внешность» на всей этой картине, – думаю, будет легко догадаться, – Иуда! Он изображен с более темными «еврейскими чертами» и скорее напоминает карикатуру на еврея, чем живого человека. На подсознательном уровне есть ощущение, что первые ученики Иисуса были, так сказать, хорошими «христианами», то есть неевреями, в то время как единственный человек, который в конце концов предал Иисуса, «выгодно» изображен в виде карикатуры на еврея, с темными глазами-бусинками и крючковатым носом. Это подсознательное и, возможно, даже непреднамеренное послание символизировало образ христианства во всем мире в период с III века и далее – что-то совершенно нееврейское по своей природе.

Большое количество более «елейных» изображений Иисуса размещено на многих известных церковных витражах. На них мы часто видим весьма женоподобное европейское изображение Иисуса с идеально гладкой кожей и какой-то золотой тарелкой – я полагаю, нимбом – над Его головой. Есть еще варианты, где Он несет на плечах беспомощного ягненка. Ни одна из этих форм искусства не подтверждает для наблюдательного еврея какую-либо реальность того, что Иисус был крепким еврейским плотником из колена Иуды и что все Его ученики, которых Он призвал следовать за Ним, были сильными и выносливыми евреями.

К сожалению, христианское искусство Средневековья, которое так или иначе изображает евреев, в основном служило для демонизации евреев как «христоубийц» и предателей. Неудивительно, что такое мышление и изощренное промывание мозгов масс в конечном итоге привело к убийству стольких евреев во время крестовых походов XI века, а затем к погромам в Европе, когда были разграблены еврейские поселения! Мужчин избивали, часто калечили и убивали, а женщин насиловали. Все это осуществлялось под видом христианства и мести тем, кого заклеймили как «христоубийц». Будучи евреем-христианином, я уже простил этих преступников, которые часто являются невеждами. Однако это еще не аннулирует тот факт, что демонизация евреев и последующие преследования на протяжении веков со стороны христиан, открыто исповедующих свою веру, привели к тому, что очень часто в разговоре с евреями практически невозможно даже поднять тему Евангелия.

Мы, христиане, призваны прощать, как простил нас Иисус, – и мы это делаем. Однако это не умаляет и не отменяет мысли о том, что христианский антисемитизм удерживает от Царства Божьего тысячи, возможно, даже миллионы евреев, на всю жизнь ожесточая их по отношению к Евангелию. Я знаю это не понаслышке, поскольку сам был одним из них, и только благодаря настоящему чуду уверовал в Иисуса как в своего личного Мессию и Спасителя.

Джеффри Коэн

МОЯ СЕМЕЙНАЯ ИСТОРИЯ

Как я упоминал ранее, мой отец отдавал меня учиться в частные еврейские школы в Южной Африке, потому что повидал достаточно антисемитизма в системе государственных школ. Просто он хотел защитить меня. Также я думаю, что он подсознательно хотел уберечь меня от любого воздействия христианства или, по крайней мере, той его версии, с которой сам столкнулся в детстве. Для него слово «христианин» означало одно – «антисемит». Мой дедушка по материнской линии рассказывал мне о погромах, которые происходили в его поселении в Восточной Европе, особенно во время Пасхи. Он говорил, что погромами руководил священник с огромным крестом, а за ним следовали солдаты-казаки на лошадях. Особенно опасным было время Пасхи, потому что русский православный священник говорил народу, что евреи убили своего Христа и пришло время отомстить за Его кровь. После таких слов в поселении происходили убийства и изнасилования. Интересно то, что священник не осуждал этот грех! Дедушка рассказывал, как он прятался в стоге сена, а казаки кололи сено саблями и штыками. Бог по Своей милости защитил его, и в итоге в начале XX века он вместе со своей матерью, сестрами и братом смог переехать в Южную Африку. Моя прабабушка была невысокой женщиной ростом около 152 см, но она яростно защищала двух своих маленьких дочерей. Двое русских казаков пытались их изнасиловать, но она убила казаков лопатой, а их тела закопала. Если вы осуждаете ее, подумайте, что бы вы сделали в подобных обстоятельствах.

Возможно, вы скажете, что такие люди вряд ли были христианами, поскольку разве мог христианин, а следовательно, последователь Христа, совершать подобное? Но помните, что евреи ничего не знали ни о христианском богословии, ни об учении Христа. Им лишь было известно, что эти люди ходят в церковь, а это значит, что они – христиане.

Каким образом вы собираетесь делиться Евангелием с евреями, если, по их мнению, именно эта религия стала причиной изнасилований, увечий и убийств в их семьях? Как же сильно дьявол ненавидит еврейский народ, пытаясь свалить вину за его страдания на христиан, которые должны быть теми, кто проявляет любовь и показывает дорогу в Царство! В результате, когда я отдал свое сердце Иисусу и рассказал моему дедушке из Восточной Европы об Иисусе и Евангелии, он решил, что теперь я принял новую веру – антисемитизм. Потребовалось много лет молитвы и проповеди истины о Евангелии, чтобы в конце концов привести его к Иисусу. Со временем он увидел, что истинное Евангелие заставило меня любить мой народ еще больше, чем прежде, и сделало меня лучше и добрее, а не хуже.

Поселение в Литве, которое мой дедушка и его семья покинули в начале XX века, в то время состояло на 50 % из евреев, но после Второй мировой войны этот процент упал до нуля. При содействии местных жителей всех евреев увели в лес, раздели догола, расстреляли и бросили в подготовленный для них ров. Выжил только раввин, который был ранен в руку и смог бежать в лес, чтобы спастись. Моя бабушка рассказала мне эту историю только тогда, когда ей исполнилось девяносто, незадолго до смерти. Большинство этих ужасных историй принесло ей много боли, и она вовсе не хотела о них говорить.

ВОЛНУЮЩАЯ ВСТРЕЧА

Как я ранее упоминал, я посещал частные еврейские школы в Южной Африке, как в Дурбане, так и в Йоханнесбурге, куда мы потом переехали по месту работы моего отца. В Йоханнесбурге наш район на 90 % состоял из еврейских семей. На нашей улице жили несколько «христиан» (то есть язычников), но мы не разговаривали с ними и не любили их, а они отвечали взаимностью. Иногда между нами происходили потасовки и даже драки. Я сомневаюсь, что кто-то из них был последователем Иисуса. По крайней мере, подтверждения этому я не наблюдал. В целом мы старались мирно сосуществовать, но между нами всегда была скрытая враждебность и подозрительность. Я жил в очень защищенном и закрытом еврейском мире. По сути, я не знал ни одного христианина, потому что мой мир был еврейским, и таким был план моего отца. Безусловно, он на все 100 % заботился о моих интересах, и история нашей семьи за последние несколько столетий это подтверждает.

Резкая перемена в моей жизни произошла, когда меня против моей воли призвали в южноафриканскую армию. В те годы в расистской стране был очень сильный антисемитизм, и во время учебного лагеря меня называли исключительно «жидом», что является расистским антисемитским термином для обозначения еврея. Моего настоящего имени никто не знал и не старался его узнать, поэтому его как бы и не существовало. Там был один христианин, который, казалось, любил евреев, был добр ко мне и часто говорил со мной об Иисусе. В конце концов меня это разозлило, и, несмотря на всю его доброту, я сказал ему: «Пожалуйста, не говори мне больше об Иисусе, потому что я еврей». Я считал, что мое еврейское происхождение автоматически ограждает меня от Евангелия или любых разговоров об Иисусе. В ответ он открыл свою английскую Библию и попросил меня прочитать главу. Я не видел в этом ничего плохого, поэтому начал читать открытую передо мной страницу. Вот что я прочитал:

Боже мой! Боже мой! Для чего Ты оставил меня?
Далеки от спасения моего слова вопля моего. Боже мой!
я вопию днем, – и Ты не внемлешь мне, ночью, –
и нет мне успокоения.
(Псалом 21:2-3)

Думаю, я мог применить эти слова и к себе, потому что чувствовал себя совершенно покинутым, будучи одним из 21 еврея среди более чем 800 «христиан», которые, судя по всему, ненавидели нас. Так что я продолжал читать, пока не дошел до этой части:

Ибо псы окружили меня, скопище злых обступило меня,
пронзили руки мои и ноги мои. Можно было бы перечесть
все кости мои; а они смотрят и делают из меня зрелище;
делят ризы мои между собою и об одежде моей
бросают жребий.
(Псалом 21:17-19)

В этот момент я, рассердившись, вернул Библию моему другу. Он подорвал мое доверие, он «заманил» меня в чтение Нового Завета!

Я сказал ему: «Я же говорил тебе, что я еврей, и мы не верим в Новый Завет».

Меня учили, что Новый Завет был очень антисемитской книгой, и из-за него мой народ на протяжении веков сталкивался со множеством страданий и преследований. Читать его я уж точно не собирался, да и боялся увидеть, что там будет сказано о евреях!

Он спокойно ответил: «Это не Новый Завет, это Ветхий. То, что ты только что прочитал, – это псалом Давида, царя Израиля».

Я реально оказался в затруднительном положении. Снова посмотрев на псалом, я увидел такие слова: «Псалом Давида». Я попытался быстро взять под контроль свои мысли и найти рациональное объяснение.

Я ответил: «Это английская версия нашей Библии, написанной на иврите. Христиане вообще не знают иврита. Они просто исказили оригинальный иврит, чтобы он звучал так, будто он говорит об Иисусе. Как мог царь Давид описывать распятие?»

Я уверенно произнес эти слова, тем не менее этот псалом очень растревожил меня внутри. Я решил, что в следующий раз, когда буду в армейском отпуске, поеду к бабушке. Она была убежденной ортодоксальной еврейкой и хранила дома много еврейских писаний. Я читал их на иврите, затем изучал английский перевод раввина и был вполне удовлетворен тем, что там не говорилось об Иисусе. Будучи в отпуске, я пошел к ней домой, открыл еврейскую Библию на псалме 21 и прочитал его. Затем я прочитал версию раввина на английском языке. Я был потрясен, обнаружив, что она очень похожа на «христианскую версию», которую я читал в армии. Более подробно об этой истории я рассказываю в своей книге под названием *My Jerusalem Encounter*.

Джеффри Коэн

Я ОСОЗНАЛ, ЧТО ИИСУС – ЕВРЕЙ

Давайте перенесемся на несколько лет вперед, покинув мой армейский учебный лагерь. Итак, я получал образование в США и на лето решил вернуться в кибуц в Израиле. Годом ранее я там жил и работал. В кибуце я встретил американца по имени Фрэнк. Это был рожденный свыше христианин, любивший Израиль и еврейский народ. Меня шокировал этот факт, так как я не знал о существовании христиан, которые любят Израиль и еврейский народ. Этот парень чем-то отличался от других христиан, которых я знал. В определенный момент произошло нечто неожиданное. Однажды он рассказал мне о жизни Иисуса, когда Он (Иисус) был здесь, на земле, в Иерусалиме. Я подумал, что это довольно странно, поскольку не знал, что Иисус когда-либо был в Иерусалиме или даже жил в Израиле, если уж на то пошло. Возможно, вы удивитесь моей реакции, но я действительно этого не знал. Откуда я мог это знать, если все, что я испытал со стороны христиан, было ненавистью к евреям, а все произведения искусства, изображающие Иисуса, не имели в себе ничего, даже отдаленно похожего на еврейское? К тому же, будучи евреем того времени, я никогда не читал Новый Завет. Меня ужасала сама мысль об этом. Так откуда я мог знать? Я думал, что Иисус был первым католиком и каким-то образом основал католическую церковь в Италии. Я думал, что в своих церквях христиане поклонялись идолам Марии и святых. Это то, что сказал мой отец, который дал мне ясно понять: есть только один Бог и мы никогда не должны поклоняться идолам. Иудаизм строго выступает против этого. Вот почему меня абсолютно не интересовала такая идолопоклонническая религия.

Тем временем Фрэнк из США совсем запутал меня, сказав, что, по крайней мере, какое-то время Иисус провел в Иерусалиме и что там в память о Нем воздвигнуты церкви и религиозные святыни. Я был в исступлении и не мог понять, что Он там делал. У меня была определенная традиция, которой я следовал при посещении Израиля, – я ходил на арабский рынок в Иерусалиме. Итак, однажды утром, в будний день, мы с моим другом взяли выходной от работы в кибуце и, решив попутешествовать, сели в автобус до Старого города в Иерусалиме. Когда мы подходили к Яффским воротам, у меня возникла странная мысль, что это город Иисуса. Я никак не мог понять эти мысли, поскольку пребывал в уверенности, что Иерусалим был и является в еврейских писаниях городом Давида.

Когда мы вошли в Яффские ворота и повернули налево, чтобы пройти к арабскому рынку, мне как будто из ниоткуда явился Иисус. Он стоял на дороге, глядя прямо на меня. Я собирался схватить своего друга за руку и сказать ему: «Эй, смотри, это Иисус!» Однако я тут же понял, что ни он, ни другие не могли видеть Иисуса. Только мне было дано видеть Его. Я был так ошеломлен, что остановился как вкопанный. Казалось, будто все вокруг перестало существовать, и только я один стоял перед Ним и смотрел в Его удивительные карие глаза.

Я ВПЕРВЫЕ УВИДЕЛ СОВЕРШЕННУЮ ЛЮБОВЬ

Я впервые увидел совершенную и безусловную любовь. Когда я рассматривал Его глаза, в моем разуме возникли три мысли. Первая: «Вау, Он выглядит как настоящий еврей!» Для меня это было реальным потрясением. Он абсолютно отличался от всех известных изображений Иисуса, которые я когда-либо видел. Он выглядел не только как еврей, но и как израильтянин, родившийся в Израиле. У него была оливкового цвета кожа, темная борода, и сама Его Личность внушала такую силу, которую я никогда не видел ни в одном человеке. Моя вторая мысль или догадка заключалась в том, что Он, хотя и выглядел как обычный человек еврейской наружности, был более значительным, чем просто смертный человек. Словно Он был родом из вечности! Вспомните, что я никогда не читал Новый Завет и не знал христианского богословия, поэтому мог узнать это только благодаря Духу Божьему. Третье, что я сразу понял, – это то, что Он знал все, что я когда-либо делал, и все грехи, которые совершил, но все же Он любил меня совершенной и безусловной любовью.

Я не хочу оставлять вас в недоумении по поводу того, что произошло дальше, но Он являлся мне в общей сложности три раза в одном и том же месте внутри Яффских ворот, пока я был там с моим другом. Разумеется, я никогда с ним этим не делился, потому что он, возможно, подумал бы, что я сошел с ума. Приблизительно через месяц после этого опыта я встретил двух евреев, уверовавших в Иисуса: одного – в Нью-Йорке, а другого – в Лос-Анджелесе, на Олимпийских играх 1984 года, когда я приехал туда посмотреть бокс (я детально свидетельствовал об этом в книге под названием *My Jerusalem Encounter*; в ней вы также найдете информацию о том, что привело меня к этой ситуации и что произошло впоследствии). Так вот, я понятия не имел о существовании евреев, которые верят в Иисуса, хотя у меня уже тогда был родственник, признавшийся мне, что теперь следует за Иисусом. Однако до этого мой родственник был настолько увлечен восточной религией и верованием *Нью Эйдж*, что я вообще не воспринимал его всерьез. Я просто подумал, что он опять увлекся. И вот наступил момент, когда я встретил настоящих евреев, таких же, как я, которые верили, что Иисус был и есть обещанный и предсказанный Мессия Израиля. Меня переполнила радость, и во вторник вечером в Лос-Анджелесе один из них провел меня в молитве веры в Иисуса. Ко времени создания книги, о которой я сказал выше, мое хождение с Иисусом длилось уже около четырех десятилетий, и я ни разу не пожалел об этом. Отдать свою жизнь Ему – лучшее решение из тех, что я вообще когда-либо принимал, как для этой жизни, так и для вечности, которую я когда-то проведу с Ним.

Я кратко поделился своей личной историей, чтобы вы смогли кое-что осознать: несмотря на мое еврейское происхождение, еврейское воспитание, образование в еврейских школах и жизнь в еврейском квартале, почти все годы моего становления я не имел представления о том, что Иисус был евреем. Я также не знал, что Он родился и вырос в Израиле и провел там всю Свою земную жизнь. Само собой разумеется, кроме случая, когда родители Иисуса ненадолго сбежали с Ним в Египет, чтобы обезопасить Его, – это было в период Его младенчества. Сцена распятия, описанная в псалме 21, а затем «реальная встреча» с евреем Иисусом дали ответы на все мои вопросы. Я больше не мог отрицать очевидную истину, что Иисус – еврей, а также обещанный и предсказанный Мессия нашего народа.

Я верю, что если человек серьезно настроен искать Бога и спрашивает Его о том, действительно ли Иисус – обещанный Израиля, то Бог непременно разъяснит эту истину. Еврейские лидеры многократно ставили под сомнение слова Иисуса и досаждали Ему; и вот что Он однажды им сказал: «…кто хочет творить волю Его, тот узнает о сем учении, от Бога ли оно или Я Сам от Себя говорю» (Иоанна 7:17). Вы открыты к истине? Если вы еще не являетесь последователем Иисуса, попросите Бога показать вам, действительно ли Он является обещанным Мессией Израиля. Если вы открыты и искренни, как я и миллионы Его последователей, то Иисус откроется вам лично. Просто обращайтесь к Нему, говорите с Ним, как с обычным человеком. Он слышит и действительно услышит вас. Иисус откроется вам, придет и будет жить с вами. Он простит вам ваши грехи и никогда вас не оставит и не покинет!

ГЛАВА 5

ЕЩЕ ДО ТОГО, КАК АВРААМ РОДИЛСЯ, Я ЕСТЬ

Иисус сказал:
– Говорю вам истину, еще до того,
как Авраам родился, Я есть!
(Иоанна 8:58, НРП)

Как такое возможно? Как мог Иисус из Назарета, живший на этой земле около двух тысяч лет назад, произнести слова «Я ЕСТЬ» до рождения Авраама?

Между жизнью Авраама и рождением Иисуса прошло примерно восемнадцать столетий, или почти 1800 лет. Во времена Иисуса фарисеи основательно знали свои родословные. Они очень тщательно и кропотливо вели записи, которые хранились в сокровищнице Храма. По этой причине родословные в Евангелиях абсолютно точны. Лидерам того времени этот факт был хорошо известен, поэтому заявление Иисуса подразумевало, что, по крайней мере, Ему должно было быть 1800 лет. Своими заявлениями Иисус постоянно повергал их в шок, и у Него действительно всегда имелся способ, как выбить почву из-под их ног. Он всегда умел быть на шаг впереди. Время от времени Он встряхивал их «теологическую коробку» и расширял их узкий взгляд на Писание. По сути, Иисус подвергал их критике: «Исследуйте Писания, ибо вы думаете чрез них иметь жизнь вечную; а они свидетельствуют о Мне. Но вы не хотите прийти ко Мне, чтобы иметь жизнь» (Иоанна 5:39-40). Неужели можно неправильно исследовать Писание?

Бог побуждает нас читать Писание днем и ночью, всегда говорить о нем нашим детям и учить их заповедям Слова Божьего. Видите ли, Иисус знал, что они исследуют Писание с закрытым сердцем и с заранее сделанными выводами о том, что там сказано. Другими словами, лидеры того времени были настолько зациклены на своих богословских догмах и «конфессиональной точке зрения», что больше не могли понимать Писание. Фактически Иисус говорил им, что их сердца закрыты для истины Слова Божьего. Они были закрыты до такой степени, что, когда Сам Мессия, о Котором Слово Божье возвещало и приход Которого предрекало на протяжении веков, в буквальном смысле стал перед ними физически, они просто не узнали Его и категорически отвергли. Иисус сказал, что они с таким рвением соблюдали букву закона и пытались разобрать каждый стих по своему разумению, что не обратились к Нему, Автору жизни и Тому Самому Автору Писания, которое они так старались анализировать и понимать. Возможно, многие из нас и сейчас делают то же самое? Могут ли тысячи наших людей (еврейский народ) изучать Писание в ешивах (еврейских школах раввинской подготовки) и при этом полностью упускать из виду очевидную истину о том, что Иешуа (Иисус из Назарета) является Мессией? Вместо того чтобы прийти к Нему, Автору Писания, и получить понимание Слова непосредственно от Него, они вникают в раввинистические комментарии в Талмуде, полностью отвергающие Иисуса как Мессию и вот уже на протяжении почти 2000 лет вводящие иудаизм в заблуждение.

ЕЩЕ ДО ТОГО, КАК АВРААМ РОДИЛСЯ, Я ЕСТЬ

Иисус сделал потрясающее заявление – никто другой никогда не посмел бы сказать подобное. Иудейские правители вполне осознавали, что Иисус подразумевал эпизод с горящим кустом, когда Бог говорил к Моисею (куст горел, но не сгорал). Мы читаем: «Бог ответил Моисею: – Я Тот, Кто Я Есть. Скажи израильтянам: "Я Есть" послал меня к вам» (Исход 3:14, НРП).

Иисус говорил прямо, без обиняков, и вовсе не старался «ходить вокруг да около». Иисус открыто заявил о Своем вечном происхождении: Он говорил с Моисеем из горящего куста, а сейчас стоит перед ними во плоти. Как бы тяжело ни было фарисеям и иудейским лидерам принять эти слова, они были и есть истиной! Лидеры не были в заблуждении, они четко понимали, о чем говорит Иисус, – Он был не только равным Богу, но и Тем Самым Богом, Который говорил с Моисеем из горящего куста. Людям, отрицающим, что Иисус есть Бог во плоти, следует дать на прочтение только этот отрывок, и тогда они поймут, Кем является Иисус на самом деле.

Есть люди, утверждающие, что Иисус никогда не называл Себя Богом. Как же они ошибаются! Как может человек, даже не доживший до 50-летнего возраста на этой земле, заявлять, что Он существовал задолго до Авраама, жившего примерно на 1800 лет раньше?! Это возможно только Богу! По сути, этот аргумент был главным в среде фарисеев: «На это сказали Ему Иудеи: Тебе нет еще пятидесяти лет, – и Ты видел Авраама?» (Иоанна 8:57). Не забывайте, что многие из них росли и мужали вместе с Иисусом, хотя могли совсем мало о Нем знать. Фарисеям было известно, что Его отцом был Иосиф (как предполагалось), а Мириам (Мария) – была Его матерью. Обстоятельства рождения Иисуса для многих были загадкой, поскольку они слышали впечатляющие истории об ангелах, которые рассказали пастухам о Его рождении, и о том, что Он, по их мнению, был зачат вне брака. Некоторые говорили, что ангел возвестил Мириам о Его рождении. Другие заявляли, что Он был зачат Святым Духом, так как она никогда не была с мужчиной. Вот почему среди всех этих слухов они просто смотрели на Него естественными глазами вместо того, чтобы исследовать Писание, в котором заранее все это уже было изложено.

В Исаии 7:14 говорилось, что Мессия будет зачат девственницей: «Итак, Сам Господь даст вам знамение: се, Дева во чреве приимет и родит Сына, и нарекут имя Ему: Еммануил». Что касается современного возражения против непорочного зачатия (говорят, в оригинале нет слов о том, будто она была девой), оно никогда не рассматривалось в то время. Сегодня многие раввины используют это возражение, апеллируя к возможности выбора в те времена нескольких значений одного и того же слова на иврите. Дело в том, что еврейское слово *альма* также означает «девица». Раввины склонны игнорировать тот факт, что во времена Иисуса девица (то есть незамужняя еврейка) автоматически считалась девственницей. Еврейка продолжала считаться девственницей вплоть до замужества, поэтому термины «девица» и «девственница» использовались как синонимы. Благодаря этому пониманию еврейские богословы, написавшие Септуагинту (греческий перевод еврейских писаний), перевели это слово на греческий язык как «девственница» еще примерно за двести лет до Иисуса. Этот факт известен всем еврейским ученым, которые внимательно исследуют Писание. Они также знают, что Мессия должен родиться в Вифлееме и происходить из колена Иуды. Мы знаем это, потому что царь Ирод уже советовался с подобными исследователями Писания, чтобы выяснить, где должен родиться Мессия. Ирод притворялся, что тоже хочет поклониться Иисусу, но на самом деле хотел убить Его, пока Тот был еще младенцем. Безусловно, рождение Иисуса было прямой угрозой Ироду, поскольку он видел в этом Царе угрозу своему престолу, разумеется, не понимая, что престол Иисуса будет на небе. Мы видим, что об этом событии сказано в Писании:

> *Услышав об этом, царь Ирод встревожился,*
> *а с ним и весь Иерусалим. Он созвал к себе всех*
> *первосвященников и учителей Закона и спросил их,*
> *где должен был родиться Христос.*
> *– В иудейском Вифлееме, – ответили ему, – потому что*
> *так написано у пророка: «И ты, Вифлеем, в земле Иудеи,*
> *ты вовсе не наименьший среди главных городов Иудеи.*
> *Из тебя выйдет Правитель, Который будет*
> *пасти народ Мой Израиль».*
> (Матфея 2:3-6, НРП)

ОН – «ОТ ВЕЧНОСТИ»

Видите ли, книжникам и первосвященникам тех дней было совершенно ясно, где именно должен был родиться Мессия и что Он будет Богом, Который ранее уже существовал. Почему я так уверенно это утверждаю? Ответ находится в их собственных словах, потому что они процитировали Ироду стих из Михея 5:2 (Библия под ред. Кулаковых): «А ты, Вифлеем-Эфрата, как ни мал ты среди других городов Иудеи, но из тебя выйдет по воле Моей Тот, Кто в Израиле править будет…» Дело в том, что они упустили конец стиха, где говорится следующее: «…происхождение Его издревле, от вечности, – говорит Господь». Мы не знаем, почему они проигнорировали последнюю часть стиха. Возможно, боялись реакции Ирода или просто отказались признать, что Мессия должен быть Богом во плоти. А может быть, они просто не могли принять этот факт. Мы наверняка не знаем ответа на этот вопрос. Однако у нас нет никаких сомнений, что этот стих был им очень хорошо знаком. Не менее ясен и тот факт, что есть только одна Личность, о Которой можно было сказать так: «…происхождение Его издревле, от вечности» (Михей 5:2, Библия под ред. Кулаковых). Разумеется, такие слова могли относиться только к Самому Богу – Иисусу, Который уже существовал от вечности.

В этом случае упрек в адрес лидеров в Израиле был крайне уместным. Ведь Иисус знал, что они читают Писание со слепыми глазами и с закрытым сердцем, хотя при этом хорошо осведомлены о том, что там говорится. Он сказал им, что они исследовали то самое Писание, которое говорило о Нем, и тем не менее отказались признать Его и прийти к Тому, Кто Сам был исполнением этого Писания (Иоанна 5:39-40). Вот почему нам, евреям, крайне важно осознать, что сегодняшний раввинистический иудаизм имеет очень мало общего с библейским иудаизмом, который практиковался на протяжении тысяч лет и во время жизни Иисуса на земле. Современный раввинистический иудаизм почти во всех аспектах противоречит Закону Моисееву и ветхозаветным пророкам. Один из этих аспектов заключается в том, что все основные еврейские пророки прямо говорили о том, что Мессия будет и Богом, и человеком одновременно.

ИСАИЯ НАЗЫВАЕТ МЕССИЮ «БОГ КРЕПКИЙ»

Мы уже прочитали предсказание Михея о божественной и человеческой природе Мессии. Исаия предсказал то же самое в Исаии 9:6:

Ибо младенец родился нам – Сын дан нам; владычество на раменах Его, и нарекут имя Ему: Чудный, Советник, Бог крепкий, Отец вечности, Князь мира.

Здесь мы видим, что Мессия должен был не только родиться ребенком на этой земле, другими словами, прийти в человеческом обличии, но что этот «Сын» или младенец также будет иметь титулы «Бог крепкий» и «Отец вечности». Это максимально верный и точный перевод оригинала еврейского текста. Ни один пророк-еврей не осмелился бы назвать какого-либо простого человека «Богом крепким» или «Отцом вечности». Поступи он так, его назвали бы богохульником. Раввины и учителя современного иудаизма знают, что это истина, потому так много внимания уделяется изучению Талмуда вместо Слова Божьего. По сути, Талмуд является интерпретацией Слова Божьего раввинами, что в большинстве случаев полностью противоречит учению Моисея и пророков. К сожалению, это противоречие явно прослеживается в основополагающих учениях первых еврейских пророков. Во-первых, раввины отрицают необходимость жертвы крови для прощения грехов. Они говорят, что до тех пор, пока вы раскаиваетесь и искренни, Бог будет прощать вас. Это не соответствует Закону Моисееву, которому, согласно их утверждениям, они верят и на основании которого учат. Во-вторых, они отрицают одновременно божественную и человеческую природу Иисуса, что, как мы видели, противоречит всем основным пророкам-евреям. В-третьих, раввины говорят, что Бог не может иметь Сына и не имеет Сына. Однако же в предсказании непорочного зачатия, которое мы читали ранее в Исаии 7:14 и 9:6, мы видим, что Мессия также будет назван Сыном Божьим.

ИССЛЕДУЙТЕ САМОСТОЯТЕЛЬНО

Я пишу это не для того, чтобы выступить против современных раввинов или проявить неуважение к ним. Давайте вспомним ситуацию, когда еврейские ученики Иисуса сообщили, что фарисеи были оскорблены некоторыми из Его учений. На это Иисус ответил: «…оставьте их: они – слепые вожди слепых; а если слепой ведет слепого, то оба упадут в яму» (Матфея 15:14). Увы, то же самое верно и сегодня. В этих краеугольных вопросах веры раввины и учения современного раввинистического иудаизма, к сожалению, уводят еврейскую нацию и народ в сторону от первоначальных учений еврейского Писания. Я не могу следовать за слепыми лидерами, если они направляются в яму. Я должен взять на себя личную ответственность за принятие учения Моисея и пророков и не позволить раввинам увести меня от истины, если они поведут мою душу на погибель. Вам следует делать то же самое, если вы обращаетесь как к источнику истины к раввинам, а не к еврейскому Писанию.

Мы, евреи, известны во всем мире как независимые и рациональные мыслители, которые не просто слепо следуют за толпой. Тем не менее, когда дело доходит до самого важного вопроса, касающегося нашей веры и того, как мы воспринимаем пророческие книги, мы, судя по всему, отбрасываем всякую осторожность и оставляем наши мозги и рациональное библейское мышление за закрытой дверью. Просто мы принимаем то, чему нас учат раввины и современный иудаизм, даже не обращаясь к первоисточнику, которым является наш собственный Танах (Еврейское Писание). Как мы можем всецело отдавать наши умы и сердца тем, кто вводит нас в заблуждение относительно спасения наших душ и не дает нам конкретных библейских ответов? Я призываю вас самостоятельно исследовать Писание с сердцем, открытым для истины, и вы увидите, что мои слова об Иисусе –

это лишь то, что уже предсказали наши пророки. Бог верен, и Он откроет вам глаза и покажет Себя через нашего чудесного Мессию и Царя Иешуа. Просто приблизьтесь к Нему с открытым сердцем и открытой Библией!

ГЛАВА 6

СПАСЕНИЕ – ОТ ИУДЕЕВ

> *Иисус ответил:*
> *– Поверь Мне, женщина, настанет время,*
> *когда вы будете поклоняться Отцу не на этой горе*
> *и не в Иерусалиме. Вы, самаряне, и сами толком не знаете,*
> *чему вы поклоняетесь, мы же знаем, чему кланяемся,*
> *ибо спасение – от Иудеев.*
> (Иоанна 4:21-22, НРП)

Как я ранее уже говорил в книге, мое воспитание предполагало, что Новый Завет – это крайне антисемитская книга. Подобно многим другим евреям, я думал, что учения, изложенные в ней, являются причиной всех наших страданий на протяжении веков. Само собой разумеется, из-за этого я вовсе не был открыт для чтения этой книги. Не опасаясь возражений, могу сказать, что большинство евреев не будут ее читать по той же причине. Эта книга так меня пугала, что я не приближался к ней вплоть до принятия Иисуса как своего Мессии. Полагаю, вы помните, что я уверовал в Иисуса благодаря не Новому Завету, а, скорее всего, ветхозаветным пророчествам. Однако я точно знал, что должен принять слова Нового Завета об Иисусе так же, как и Ветхого. И вот я решительно открыл Евангелие от Матфея и начал читать:

> *Родословие Иисуса Христа, Сына Давидова, Сына*
> *Авраамова. Авраам родил Исаака; Исаак родил Иакова;*
> *Иаков родил Иуду и братьев его; Иуда родил Фареса и Зару*
> *от Фамари; Фарес родил Есрома; Есром родил Арама;*
> *Арам родил Аминадава; Аминадав родил Наассона;*
> *Наассон родил Салмона; Салмон родил Вооза от Рахавы;*

Джеффри Коэн

*Вооз родил Овида от Руфи; Овид родил Иессея;
Иессей родил Давида царя; Давид царь родил Соломона
от бывшей за Уриею; Соломон родил Ровоама;
Ровоам родил Авию; Авия родил Асу...*
(Матфея 1:1-7)

Я прочитал вступительные стихи до седьмого, и мне пришлось еще раз проверить, не читаю ли я Ветхий Завет. В нем каждое «родил» и «родил» было таким же, как во многих родословных, которые можно найти в Ветхом Завете, и все имена тоже были еврейскими именами. Я ожидал, что встречу там обычные «христианские» имена, но только не еврейские. Тем не менее это определенно точно были родословные евреев. Как такое может быть? Я был удивлен, но с облегчением обнаружил, что Новый Завет является таким же еврейским, как и Ветхий Завет. Я продолжал читать и был восхищен тем, насколько знакомым показалось мне все это, включая обстановку, в которой происходило действие. К тому моменту я уже провел довольно много времени в Иерусалиме и районе Тиберия, вокруг озера Кинерет (Галилейское море).

Мне пришли мысли о том, как, должно быть, трудно читателю-нееврею, который никогда не жил в Израиле и даже не был там, соотносить свою жизнь со многими эпизодами, культурой и менталитетом того края. Я подумал, насколько все это ему незнакомо, не говоря уже о попытках как-то контекстуализировать Евангелие в западную культуру, в которой преобладают греческое мышление и философия. Я был тронут тем, как Иисус обращался к Своему народу и с какой любовью и нежностью исцелял его! Также я восторгался тем, как Иисус реагировал на лицемерие многих лидеров и, когда это было необходимо, строго укорял их и предупреждал. Он явно был бесстрашным человеком, твердо стоящим за истину, потому что Сам являлся воплощением истины.

Я продолжал дальше читать первые три Евангелия – от Матфея, Марка и Луки, – и все казалось мне настолько знакомым и родным, будто я снова вернулся в Израиль, хотя физически находился в США. Затем я дошел до Евангелия от Иоанна и увидел общение Иисуса с женщиной-нееврейкой, которая была родом из самарян. Самаряне представляли собой смесь евреев с некоторыми языческими народами, которые завоёвывали Израиль в разные исторические периоды. Естественно, Израиль не признал их евреями, поскольку они были приверженцами странных языческих верований. Одно из них заключалось в том, что Иерусалим и Храм не считались подходящим местом для поклонения. Самаряне утверждали, что местом поклонения является гора Гаризим, более известная сейчас как Западный берег. Они даже построили там свой языческий храм, смешав немного иудаизма того времени со множеством языческих верований. В результате между евреями и самарянами возникла большая напряжённость.

ИИСУС ВСТРЕЧАЕТ ЖЕНЩИНУ-САМАРЯНКУ

И вот, дойдя до четвёртой главы Иоанна, где Иисус увидел самарянку у колодца Иакова, я заинтересовался Его отношением к ней в условиях такой враждебности между этими двумя группами. Живя в Израиле, я наблюдал, как в Иерусалиме ультраортодоксы переходили на другую сторону улицы, увидев язычника или даже еврея, который, судя по одежде, вёл светский образ жизни. Говорить с женщиной, не являющейся их женой, матерью или сестрой, запрещалось. Как поведёт себя Иисус с этой самарянкой-язычницей? Давайте проследим историю:

> *…оставил Иудею и пошёл опять в Галилею. Надлежало же Ему проходить через Самарию. Итак, приходит Он в город Самарийский, называемый Сихарь, близ участка земли, данного Иаковом сыну своему Иосифу. Там был колодезь Иаковлев. Иисус, утрудившись от пути, сел у колодезя. Было около шестого часа.*
> (Иоанна 4:3-6)

Мы видим, что Иисус, чтобы добраться до места назначения, вынужден был пройти через Самарию. Другого пути туда не было. И вот к колодцу, где Он отдыхал, подошла самарянка. Наверняка Он быстро покинет это место и пойдет дальше! Несомненно, присутствие самарянки осквернит Его, потому что, помимо того, что она женщина, она еще и церемониально нечиста. В то время евреям не разрешалось общаться с язычниками, поскольку те не принадлежали к заветному Божьему народу. В Ветхом Завете евреям было сказано не только не общаться с ними, но и уничтожать эти народы, чтобы не оскверниться ими и не соблазниться на служение их ложным богам. Мы видели, что даже ученики Иисуса не решались общаться с язычником, пока Бог не сказал им в видении или во сне, что это нормально. Итак, как же Иисус поступил с этой самарянкой? Давайте посмотрим, что произошло:

Приходит женщина из Самарии почерпнуть воды. Иисус говорит ей: дай Мне пить. Ибо ученики Его отлучились в город купить пищи.
(Иоанна 4:7-8)

Прочитав эти стихи, я впал в шоковое состояние. Иисус не только не пытался избежать ее присутствия, но даже завязал с ней разговор и попросил напоить Его водой из колодца! Самарянка и сама пришла в недоумение от такой просьбы. Ведь она хорошо знала, что евреи не имели никаких отношений с самарянами по тем самым причинам, которые я только что привел. Мы видим это по ее ответу:

Женщина Самарянская говорит Ему: как ты, будучи Иудей, просишь пить у меня, Самарянки? ибо Иудеи с Самарянами не сообщаются.
(Иоанна 4:9)

Тем не менее Иисус использовал этот момент как возможность поделиться с ней Словом жизни, и она, по всей вероятности, стала последовательницей Иисуса. Хотя мы не знаем наверняка, но это подразумевается. Иисус отвечает ей:

*Иисус сказал ей в ответ: если бы ты знала дар Божий и
Кто говорит тебе: «дай Мне пить», то ты сама
просила бы у Него, и Он дал бы тебе воду живую.*
(Иоанна 4:10)

Иисус говорит, что может дать ей живую воду, которую она будет пить и при этом больше никогда не испытает жажды в своей жизни. Безусловно, самарянка думает, что Иисус говорит о настоящей воде, но на самом деле Он продолжает объяснять, что всякий, пьющий воду, которую Он дает, больше никогда не будет жаждать духовно и обретет вечную жизнь.

*Иисус сказал ей в ответ: всякий, пьющий воду сию,
возжаждет опять, а кто будет пить воду, которую
Я дам ему, тот не будет жаждать вовек; но вода, которую
Я дам ему, сделается в нем источником воды,
текущей в жизнь вечную.*
(Иоанна 4:13-14)

ЕВРЕИ НЕ МОГЛИ КОНТАКТИРОВАТЬ С ЯЗЫЧНИКАМИ

Случайный читатель легко упустит невероятное значение этой истории и просто перейдет к следующей главе. Поступив так, вы допустите ошибку и пройдете мимо одной из самых важных истин Писания. Вспомните мои слова о том, что, согласно закону, еврей может стать церемониально нечистым, просто приблизившись к язычнику или человеку, который не входит в Божий завет. Так гласил закон. Даже Исаия, еврейский пророк, предостерег Израиль от осквернения языческими народами:

*Идите, идите, выходите оттуда; не касайтесь нечистого;
выходите из среды его, очистите себя,
носящие сосуды Господни!*
(Исаия 52:11)

Я снова и снова видел, как Иисус общался с людьми, которые считались оскверненными или церемониально нечистыми, но вместо того, чтобы оскверниться, Он освящал их, поскольку не мог стать нечистым. Я видел, что Иисус возлагал руки даже на прокаженных, которые по закону считались нечистыми; и они становились чистыми и полностью исцелялись от проказы. А до этого они всегда были вынуждены кричать: «Нечистый! Нечистый!» – это было предупреждением для людей держаться от них подальше, дабы не оскверниться. Однако на примере Иисуса мы видим, что вместо того, чтобы оскверниться нечистотой этого мира, Он Своим прикосновением освящал и очищал то, что прежде было нечистым:

> *Иисус, умилосердившись над ним, простер руку, коснулся его и сказал ему: хочу, очистись. После сего слова проказа тотчас сошла с него, и он стал чист. И, посмотрев на него строго, тотчас отослал его и сказал ему: смотри, никому ничего не говори, но пойди, покажись священнику и принеси за очищение твое, что повелел Моисей, во свидетельство им.*
> (Марка 1:41-44)

Если нечистые люди уверовали, Его прикосновение приносило чистоту и освящение. Только Иисус мог коснуться нечистых и не оскверниться ими, и, более того, происходило обратное: они очищались и освящались. Такое чудо мог совершить только Святой Израилев, обещанный Мессия!

ИИСУС СКАЗАЛ, ЧТО «СПАСЕНИЕ – ОТ ИУДЕЕВ»

Меня всегда учили, что Новый Завет – крайне антисемитская книга, и то же самое говорят многим другим евреям, особенно ортодоксальным. Продолжая читать Евангелия, я был готов рано или поздно встретиться с чем-то антисемитским. Но чем дальше я читал, тем больше убеждался в обратном. Вникая в это удивительное общение Иисуса с самарянкой, я увидел, что Иисус уже все знал о ней наперед. Он сказал ей, что у нее было пять мужей и что тот, который у нее сейчас, не является ее мужем (Иоанна 4:17-18). Сначала меня это очень удивило, потому что Иисус видел самарянку у колодца впервые. Этот момент был еще одним доказательством того, что Он – Обещанный, Который знал все и был «от вечности», как мы успели прочитать в Книге пророка Михея (Михея 5:2). После того, как Иисус пересказал самарянке всю ее жизнь, она поняла, что Он был как минимум пророком и что Он, очевидно, знал все. По этой причине она спросила Его о правильном месте для поклонения. Они находились на горе Гаризим, недалеко от Иерусалима, и именно эту гору самаряне считали правильным местом для поклонения, а вовсе не Иерусалим. Разумеется, по Писанию, центральным местом, выбранным Богом для Его присутствия, был Иерусалим и его Храм.

Иисус мог бы сразу же начать делиться с ней длинным учением, объясняя эту истину из Писания, и разносить ее теологию в пух и прах. Но вместо этого Иисус решил открыть ей глаза и потому перешел непосредственно к делу:

Иисус ответил:
– Поверь Мне, женщина, настанет время, когда вы будете поклоняться Отцу не на этой горе и не в Иерусалиме.
Вы, самаряне, и сами толком не знаете, чему вы поклоняетесь, мы же знаем, чему кланяемся,
ибо спасение – от Иудеев.
(Иоанна 4:21-22, НРП)

Видите ли, она была озабочена тем, где именно люди должны поклоняться, в то время как Иисуса больше заботило то, чтобы достучаться до ее сердца, – Его не интересовала «религиозная» беседа. По сути, Он прямо сказал ей, что она и ее народ – самаряне – не знают, чему или кому они поклоняются. Иисус также сказал ей, что только евреи знают, кому поклоняются, потому что (истинное) спасение исходит от еврейского народа (Иоанна 4:22). Затем Он продолжил, говоря, что не так важно, где поклоняться, а важно, как поклоняться. Другими словами, Бог искал не религиозную формальность, а чистое и праведное сердце. Он сказал:

> *Но настанет время, и настало уже, когда истинные поклонники будут поклоняться Отцу в духе и истине, ибо таких поклонников Отец ищет Себе. Бог есть дух, и поклоняющиеся Ему должны поклоняться в духе и истине.*
> *(Иоанна 4:23-24)*

Наверное, в этот момент она поняла, что, по всей видимости, нет ничего такого, чего не знал бы этот мудрый еврей, стоящий перед ней. Вот ее ответ: «…знаю, что придет Мессия, то есть Христос; когда Он придет, то возвестит нам все» (Иоанна 4:25). Иисус, должно быть, видел открытое и искреннее сердце этой самарянки. Почему я так считаю? Иисус делится с ней информацией, которую еще не знали или даже не понимали до конца многие из Его еврейских учеников: «Иисус ответил ей: «Я, Кто говорю с тобой, и есть Мессия»» (Иоанна 4:26, Всемирный Библейский Переводческий Центр). Безусловно, Иисус вознаградил эту женщину истиной, которая могла спасти ее душу и даже ее семью и народ. Она сразу же пошла в город и начала рассказывать самарянам потрясающую новость о своем общении с Иисусом. Она подходила ко всем самарянским мужчинам, которых смогла найти, и говорила: «Идите и посмотрите на Человека, Который рассказал мне все, что я сделала. Не Христос (Мессия – прим. автора) ли Он?» (Иоанна 4:29, НРП). В результате они вышли из города, чтобы встретить Иисуса. Благодаря словам этой самарянки, многие мужчины из ее народа уверовали и последовали за Иисусом. Мы знаем это, потому что так говорит нам Писание. Более того, судя по всему, в среде самарян произошло пробуждение. Мы читаем:

> *Многие самаряне, жители этого города, уверовали в Иисуса, потому что женщина сказала: – Он рассказал мне все, что я сделала. Самаряне пришли к Нему и стали упрашивать Его остаться с ними, и Иисус провел там два*

дня. И еще больше людей уверовали в Него из-за Его слов. Они говорили женщине: – Мы верим уже не только по твоим словам. Теперь мы сами слышали и знаем, что Этот Человек действительно Спаситель мира.
(Иоанна 4:39-42, НРП)

Иисус сказал, что спасение приходит только через еврейский народ. Он сообщил женщине у колодца, что Он действительно является обещанным и предсказанным Мессией. Самарянка смирилась и уверовала, хотя иудеи и самаряне были в то время заклятыми врагами. Благодаря этой истории многие самаряне уверовали в Иисуса. Когда Библия говорит «много», это означает много, а не несколько! Самарянка и ее народ отложили в сторону свою гордость и предрассудки по отношению к еврейскому народу и в результате получили награду вечной жизни через еврейского Мессию. Независимо от того, еврей вы или нет, Иисус ясно дает понять, что Он – ваш Мессия. Примете ли вы эту истину с искренней верой, как это сделала женщина-самарянка, или будете подвергать ее сомнению и пытаться философствовать на тему великого спасения, которое доступно всем? Захотите ли вы подойти и напиться из источника спасения, который дает вечную жизнь? Решать вам. Наш Мессия действительно пришел!

ГЛАВА 7

ВСЕ ЕЩЕ ИЗБРАННЫЙ

В чем же тогда преимущество быть иудеем, и есть ли польза в том, чтобы быть в числе обрезанных? Большое преимущество во всех отношениях. Прежде всего в том, что иудеям было доверено слово Божье.
(Римлянам 3:1-2, НРП)

Как мы уже успели обсудить, большинство евреев считают Новый Завет антисемитской книгой, но ничто не может быть дальше от истины, чем эта мысль. На самом деле малоизвестным фактом является то, что нацисты запретили Новый Завет, заявив, что это еврейская книга, написанная евреями для евреев об одном конкретном еврее. Безусловно, речь идет об Иисусе из Назарета. Мне вспоминается кое-что с тех времен, когда я был еще совсем молодым верующим в Иисуса и жил в Йоханнесбурге, ЮАР. В то время я помогал молодежному пастору и был так воодушевлен своей новообретенной верой, что хотел делиться ею со всеми, кого знал. После служения ко мне подошел один человек и сообщил, что их близкий родственник очень болен и вот-вот умрет. Меня попросили прийти и поделиться с ним Евангелием, поскольку он еще не уверовал в Иисуса. Будучи молодым верующим, я знал, что любой человек, умерший в своих грехах без крови Агнца Божьего, на всю вечность попадает в ад.

Я не желал этого никому, будь то еврей или язычник. Меня очень вдохновила эта возможность, но затем мне сказали кое-что, потрясшее меня до глубины души. Оказалось, что этому человеку за восемьдесят и он до такой степени ненавидит евреев, что не хочет ничего слышать про Евангелие, потому что Иисус был евреем. Интересен тот факт, что этот человек уже знал то, что мне было абсолютно неизвестно вплоть до 22 лет. От этой информации у меня все внутри похолодело, и я не решился посетить того человека. Все выглядело бы так, будто я, еврейский последователь нашего еврейского Мессии, иду навестить на смертном одре человека, симпатизирующего нацистам. Возможно, я был бы ключом к его спасению, если бы продемонстрировал любовь и прощение, которые Иисус предлагает нам через Свою кровь на кресте. Я искренне сожалею, что не поехал к нему, и молюсь, чтобы он не погиб в своих грехах. Я принял решение не упускать возможности делиться Евангелием со всеми людьми, будь они хорошими или плохими. Почему? Иисус умер за всех нас.

ИИСУС ВСЕГДА ЦИТИРОВАЛ ВЕТХИЙ ЗАВЕТ

Я был крайне шокирован, узнав, что Евангелия вовсе не были антисемитскими, а тот факт, насколько они по стилю похожи на Ветхий Завет, меня просто изумлял. В действительности тут нечему удивляться, поскольку эти книги были написаны еврейскими последователями Иисуса. Они были созданы на греческом языке с той целью, чтобы стать понятными эллинистическим или грекоязычным евреям, которые плохо понимали иврит. Тем не менее это никоим образом не умаляло их еврейского стиля письма и еврейского мышления того времени. Евангелия были написаны на греческом по той же причине, по которой за несколько сотен лет до прихода Иисуса была написана Септуагинта. Она создавалась для грекоязычных евреев, живущих в диаспоре, чтобы они также могли читать ветхозаветные еврейские писания на греческом языке. Вдобавок благодаря тому, что Новый Завет был написан на греческом, теперь и язычники могли читать Евангелия на понятном им языке. Таким образом, Евангелие уже не являлось вестью сугубо для еврейского народа и весть о спасении могла быть доступна всем.

Итак, я впервые прочитал четыре Евангелия и радостно удивился тому, что все они были написаны в еврейском контексте, характерном для Израиля, и в стиле, очень похожем на пророческие книги Ветхого Завета. На самом деле во всех четырех книгах меня наиболее потрясла частота упоминания Ветхого Завета. И тут, и там я видел слова «как написано», за которыми следовало цитирование Ветхого Завета. Действительно, Иисус практически постоянно приводил из него примеры. Он многократно цитировал Моисея и пророков, и каждый раз, ссылаясь на Священное Писание, имел в виду Ветхий Завет. К моему изумлению, Сам Иисус даже однажды сказал, что пришел не для того, чтобы отменить Закон и пророков: «Не думайте, что Я пришел отменить Закон или пророков; Я пришел, чтобы исполнить, а не отменить» (Матфея 5:17, НРП).

Меня всегда принуждали верить, что Новый Завет противоречит Ветхому и максимально отличается от него, и все же я обнаружил, что истиной является прямо противоположное. В действительности Новый Завет был настолько еврейским по стилю, контексту и каждому упоминанию, что я задавался вопросом, как неевреи вообще могут понимать его контекст и как-то применять в жизни. Как они могли интерпретировать настолько еврейскую книгу в контексте западной и «христианизированной» культуры, не теряя при этом значительной части первоначального значения и влияния?

БОГ НЕ ОТВЕРГ СВОЙ НАРОД

После прочтения четырех Евангелий я дошел до Послания к Римлянам и начал немного тревожиться. Мне казалось, что если Евангелия были еврейскими, то это послание уж точно является причиной антисемитизма. Книга с названием «Послание к Римлянам» определенно должна была быть языческой книгой, написанной для язычников в Италии. Я приготовился к худшему, но опешил, узнав, что она была написана евреем, последователем Иисуса по имени Павел. Затем я еще более удивился прочитанному, осознав, как часто Павел писал о еврейском народе и его роли в Божьем плане. Чтобы понять мое состояние, не забывайте, что перед прочтением этой книги я воспринимал ее как исключительно языческую книгу для язычников. По какой-то причине я ожидал заявления Павла о том, что Бог покончил с еврейским народом и теперь наступил период церкви, что, собственно, и послужило распространению антисемитизма среди христиан. Но вместо этого я обнаружил, что Павел говорит прямо противоположное. Он подтвердил и призвание, и очень важную роль евреев в плане Бога. Во-первых, он сказал:

> *В чем же тогда преимущество быть иудеем, и есть ли польза в том, чтобы быть в числе обрезанных? Большое преимущество во всех отношениях. Прежде всего в том, что иудеям было доверено слово Божье.*
> (Римлянам 3:1-2, НРП)

Затем он говорит:

> *Поэтому я хочу спросить: разве Бог отверг Свой народ? Конечно же нет! Я и сам израильтянин, потомок Авраама из рода Вениамина. Бог не отверг Свой народ, который Он избрал от начала. Вы ведь знаете из Писания о том, как Илия обвинял израильтян перед Богом: «Господи, они убили Твоих пророков и разрушили Твои жертвенники. Остался лишь я один, и они пытаются убить и меня». Но что Бог ему ответил? «Я сохранил Себе семь тысяч человек, которые не преклонили своих колен перед Ваалом!»*
> (Римлянам 11:1-4, НРП)

Вы можете сказать: «Я вырос в "христианской" стране. Почему ни один из этих христиан никогда не сказал мне, что их Библия подтверждает Божий призыв к еврейскому народу и конкретно говорит, что Бог никогда не отвергал их?» Некоторые из моего народа заявляли, что Павел предал свой народ, став последователем Иисуса. Это опять же было неправдой – я обнаружил обратное. Его любовь к Богу и страстное желание спасти свой народ превосходят все, что я когда-либо видел в человеке или слышал от него. Вот что Павел говорит о своих еврейских братьях:

Я говорю истину и не лгу, как и подобает последователю Христа. Об этом свидетельствует моя совесть, руководимая Святым Духом. Мне очень грустно, и сердце мое полно бесконечной боли: я бы предпочел сам быть проклятым и отлученным от Христа ради моих братьев, родных мне по крови, – израильтян. Ведь они получили сыновние права, славу и заветы с Богом, им были даны Закон, богослужение и Его обещания. Из этого народа произошли праотцы, от них по человеческой природе происходит Христос – Бог над всеми, благословенный вовеки. Аминь.
(Римлянам 9:1-5, НРП)

Во-первых, Павел утверждает, что предпочел бы быть отрезанным от Бога и даже отправиться в ад на всю вечность, если бы только это помогло спасти его еврейских братьев и сестер. Никогда в жизни я не встречал такого христианина, который бы настолько любил евреев, что был готов отправиться в ад навеки, если бы это послужило к их спасению! Я впервые о таком слышал. Я сталкивался с христианами, которые либо были равнодушны к евреям, либо ненавидели их за то, что они другие. Но я никогда не встречал никого, кто любил бы их так сильно, чтобы быть готовым пожертвовать не только своей жизнью, но даже своей душой ради их спасения. Мне казалось, что в этой книге будет идти речь о римлянах, но, напротив, Павел очень много говорит о Божьем плане для евреев в рамках Нового Завета. Невероятно потрясающая книга! Разумеется, в процессе хождения с Иисусом мне посчастливилось встретить много истинных христиан, которые действительно любят Израиль и евреев. В то же самое время мой опыт общения с христианами в Южной Африке до моего покаяния был негативным.

Как мы видим в Римлянам, Павел подтверждает, что все заветы Бога пришли через евреев. Затем он говорит, что все патриархи – Авраам, Исаак и Иаков – были евреями. Далее Павел подчеркивает, что в конечном счете Иисус, Мессия и Спаситель всего мира, пришел через евреев и Сам является евреем по Своему земному, то есть человеческому, происхождению. Во мгновение ока все мои опасения по поводу этой книги развеялись, и я получил небывалое ободрение не только в своей вере, но даже в том, что я еврей. Я осознал, что у Бога все еще есть план для нас и Он никогда не оставит нас.

ПАВЕЛ ПРЕДУПРЕЖДАЕТ ЯЗЫЧНИКОВ, ЧТОБЫ ОНИ НЕ БЫЛИ АНТИСЕМИТАМИ

Продолжая читать и дойдя до второй половины одиннадцатой главы, я заметил, что тон Павла меняется: он становится довольно строгим и даже суровым по отношению к языческой аудитории, которой адресовано это послание. К моему удивлению, Павел прежде всего обращает внимание на одну деталь. Он предупреждает христиан из язычников о том, чтобы они ни в коем случае не проявляли высокомерного, хвастливого или антисемитского отношения к еврейскому народу. Фактически его предупреждение очень жесткое – он говорит им о грозящей опасности быть отлученными от Бога за отказ покаяться в своем высокомерии; евреи же были отлучены из-за неверия. Павел рубит с плеча и говорит максимально прямо:

> *Может быть, ты скажешь: «Ветви были отломлены, чтобы привить меня». Да, но они были отломлены из-за своего неверия, а ты держишься благодаря вере. Поэтому не гордись, но бойся. Ведь если Бог не пожалел природных ветвей, то Он не пожалеет и тебя.*
> (Римлянам 11:19-21, НРП)

Читая это суровое пророческое предупреждение Павла в адрес верующих из язычников, я понял, что читаю слова Самого Бога. Павел писал так строго не из-за своего еврейства или нелюбви к язычникам. Наоборот, он искренне желал отправиться в Рим, чтобы нести Евангелие языческому миру в Европе. Там он в конце концов и был обезглавлен самым жестоким языческим правителем в мире того времени, самим Цезарем. Павел отправился в Рим, зная, какая участь ожидает его после слов

Цезарю о едином Боге и Царе по имени Иисус. Римляне официально считали богом Цезаря, поэтому такие слова в Риме наказывались смертью. Посвятив свою жизнь тому, чтобы донести Евангелие существующему в то время языческому миру, Павел с радостью принял мученическую смерть. Однако перед смертью он предостерег будущие поколения верующих из язычников от высокомерного или пренебрежительного отношения к евреям как нации и к отдельным ее представителям.

Теперь я понял, почему он так поступил. В целом церковь не повиновалась суровым предупреждениям Павла и на протяжении веков фактически делала именно то, от чего он ее предостерегал. Меня поразил тот факт, как много христиан из язычников не повиновались предупреждениям Нового Завета, – точно так же, как многие евреи не повиновались предупреждениям Ветхого Завета. Несомненно, Бог побуждает всех нас – как евреев, так и язычников, – взывать к Нему о даре смирения и милосердия. Как может кто-нибудь из нас хвалиться чем-либо, кроме того, что Бог совершил для нас через жертву нашего Царя и Мессии?! Меня, еврея, учили, что Новый Завет является антисемитской книгой. Откуда я мог знать, что эта книга открыто выступает против антисемитизма и призывает всех людей покаяться в нем? Мне никогда не говорили об этом. Порой кажется, что многие христиане либо вообще не читали 11-ю главу Послания к Римлянам, либо просто игнорируют ее.

Пожалуйста, не поймите меня неправильно. Мы с женой также посвятили свою жизнь тому, чтобы нести Евангелие как евреям, так и язычникам, которых любит Бог и за которых Иисус пролил Свою драгоценную кровь. Мы прекрасно понимаем, что в последние несколько десятилетий наблюдаем изменения в отношении христиан к евреям и Израилю. Кто-то скажет: «Слишком мало и довольно поздно!», поскольку миллионы евреев уже погибли от рук тех, кого они считали христианами. Тем не менее мы знаем, что Бог никогда не опаздывает и мы приближаемся к периоду, когда Он возвратит Свой избранный народ обратно к Себе через Иисуса, еврейского Мессию. Обращая сердца многих людей к Себе, в Свою Церковь, Бог одновременно направляет их сердца к Своему народу Завета, который Он так сильно любит. Мы очень благодарны всем истинным друзьям Израиля и еврейского народа – многие из них являются нашими личными друзьями, которыми мы очень дорожим. Наша молитва за наш собственный еврейский народ заключается в том, чтобы он нашел спасение, которое приходит только через обещанного Мессию Израиля. Мы также молимся о том, чтобы любовь Церкви к Израилю не ограничивалась только финансовой поддержкой и посещением Израиля, а преобразилась в искреннюю любовь к евреям и заботу о тех из них, кто заблудился в своих грехах без Иисуса.

ГЛАВА 8

ИЗБРАН С ЦЕЛЬЮ

> *…Итак, если вы будете слушаться гласа Моего и соблюдать завет Мой, то будете Моим уделом из всех народов, ибо Моя вся земля, а вы будете у Меня царством священников и народом святым; вот слова, которые ты скажешь сынам Израилевым.*
> (Исход 19:5-6)

Бог всегда хотел иметь Свой собственный народ на этой земле, но человек полностью отошел от Бога после грехопадения в Эдемском саду. Ситуация была очень печальной, ведь люди стали настолько злыми, что Бог решил полностью уничтожить человеческий род и начать все сначала:

> *…и раскаялся Господь, что создал человека на земле, и восскорбел в сердце Своем.
> И сказал Господь: истреблю с лица земли человеков, которых Я сотворил, от человека до скотов, и гадов и птиц небесных истреблю, ибо Я раскаялся, что создал их.*
> (Бытие 6:6-7)

Он буквально уничтожил землю потопом, но оставил в живых праведника по имени Ной. Тот построил ковчег и спас себя и свою семью. К сожалению, даже эта новая раса людей потерпела такое же поражение, как и во времена Ноя до потопа. И снова Бог пытался найти человека, который искал бы Его лица, повиновался бы Ему и радовал Его.

Джеффри Коэн

БОГ ЯВИЛ СЕБЯ АВРААМУ

Этим человеком стал Аврам, позже известный как Авраам, что означает «отец многих народов», – он действительно стал отцом и основателем еврейского народа. По сей день евреи считают его своим отцом, а себя – его потомками. Как мы знаем, Авраам породил Исаака, затем Исаак родил Иакова. И вот здесь я столкнулся с одной из самых невероятных истин. Каждый раз, когда я размышляю о ней, мой мозг в буквальном смысле взрывается. Бог навсегда связал и соединил Свое имя с первыми тремя евреями. На протяжении всей вечности Он будет известен как Бог Авраама, Бог Исаака и Бог Иакова. Почему Он выбрал этот путь, зная, что их потомки подведут Его и отойдут от Него?

Бог всегда хотел, чтобы люди считали Его своим Отцом и своим Богом. На этой земле Он искал семью, которая сделала бы Его известным всему человечеству. Эта семья и эта нация – народ Израиля. Сегодня евреи являются физическими предками Авраама, Исаака и Иакова, и призыв Бога к ним как к народу не изменился. Когда Божьи дети сбиваются с пути, Он не отвергает их и не отбрасывает в сторону. Почему? Бог пообещал Аврааму сделать Свой народ великим, и это обещание до сих пор в силе. Мы читаем:

> *И сказал Господь Авраму: пойди из земли твоей,*
> *от родства твоего и из дома отца твоего в землю,*
> *которую Я укажу тебе; и Я произведу от тебя*
> *великий народ, и благословлю тебя, и возвеличу*
> *имя твое, и будешь ты в благословение;*
> *Я благословлю благословляющих тебя,*
> *и злословящих тебя прокляну;*
> *и благословятся в тебе все племена земные.*
> (Бытие 12:1-3)

Многие языческие племена пытались стереть евреев с лица земли, чтобы у Бога не было народа, который свидетельствовал бы о Нем остальному миру. Подобное делали египтяне, но Бог освободил евреев «рукою крепкою и мышцею простертою». Это могущественное избавление при участии Моисея празднуется евреями ежегодно и по сей день. Этот праздник называется Песах (Пасха на русском языке). Когда евреи находились в пустыне с Моисеем, Бог вновь подтвердил Свой призыв к еврейскому народу, заключив с ним завет, который мы теперь знаем как Завет Моисея. Бог подтвердил Свое желание владеть этим народом и видеть, как эта нация служит Ему и представляет Его на земле. Целью Бога было сделать их святым народом и нацией священников, которая будет служить Ему и днем и ночью.

Моисей взошел к Богу, и Господь воззвал к нему с горы, говоря: «...так скажи дому Иаковлеву и возвести сынам Израилевым: вы видели, что Я сделал Египтянам, и как Я носил вас *как бы на орлиных крыльях*, и принес вас к Себе; итак, если вы будете слушаться гласа Моего и соблюдать завет Мой, то будете Моим уделом из всех народов, ибо Моя вся земля, а вы будете у Меня царством священников и народом святым; вот слова, которые ты скажешь сынам Израилевым» (Исход 19:3-6).

Мы видим, как Бог вновь подтверждает Свой призыв к еврейскому народу быть святым царством и народом, который сделает Его известным по всей земле. Для этой конкретной цели Он изо всех других царств выбрал только их. Очень важно помнить, что Иисус из Назарета также является прямым потомком Авраама. Посредством Своей жертвенной смерти на кресте и последующего погребения и воскресения Он принес всем языческим народам спасение и познание единого истинного Бога Израиля. Таким образом, в этом отношении обетование Бога, данное Аврааму и через Авраама, исполнилось через Иисуса, еврейского Мессию. И важно понимать, что Бог не закончил со Своим народом, когда они отвергли Иисуса на национальном уровне. Мы видим, что это подтверждается в Писании:

> *Итак, спрашиваю: неужели они преткнулись, чтобы совсем пасть? Никак. Но от их падения спасение язычникам, чтобы возбудить в них ревность.*
> (Римлянам 11:11)

Джеффри Коэн

ВСЕГДА БЫЛ ВЕРНЫЙ ЕВРЕЙСКИЙ ОСТАТОК

Хотя евреи и отвергли Иисуса как Мессию, это дало возможность языческим народам получить познание о едином истинном Боге Израиля и Его Сыне. Все это для того, чтобы теперь они тоже могли стать Божьими детьми, образно говоря, привившись к сообществу Израиля. Важно отметить, что, даже если официально, то есть на национальном уровне, Израиль отверг Иисуса, именно еврейские последователи Иисуса первыми понесли Евангелие языческим народам. Таким образом, на национальном уровне Израиль не смог быть «светом для народов», к чему он был призван, но благодаря верному остатку евреев все же преуспел в своей миссии. Этот факт не должен нас удивлять, поскольку во все периоды истории Израиля, в моменты, когда народ сбивался с пути, всегда был остаток истинно верующих евреев. Так было и во дни пророка Илии, что подтверждается Писанием:

Бог не отверг Свой народ, который Он избрал от начала. Вы ведь знаете из Писания о том, как Илия обвинял израильтян перед Богом: «Господи, они убили Твоих пророков и разрушили Твои жертвенники. Остался лишь я один, и они пытаются убить и меня». Но что Бог ему ответил? «Я сохранил Себе семь тысяч человек, которые не преклонили своих колен перед Баалом!» Так и сейчас есть остаток, избранный по Божьей благодати.
(Римлянам 11:2-5, НРП)

На протяжении большей части истории Израиля крайне редко удается обнаружить отрезок времени, когда весь еврейский народ обращался к Богу или искал Его лица. Остаток верующих евреев в Израиле всегда оставался верным своей вере, тогда как остальная часть народа сбивалась с пути. Так было и после распятия и воскресения Иисуса. Именно верующий остаток евреев продолжал следовать за израильским Мессией. Именно этот остаток записал то, что мы теперь знаем как Новый Завет, и построил раннюю церковь, а затем понес Евангелие всему существующему миру того времени. Было бы ошибкой утверждать, что Израиль как нация сбился с пути только после прихода Иисуса. Дело в том, что в этом случае все стало более заметным и очевидным: когда в I веке еврейские верующие отошли к Господу, церковь стала преимущественно языческой по той причине, что много язычников приняли Иисуса как своего Мессию. Таким образом, если до прихода Иисуса на землю только израильтяне были верующими в единого истинного Бога, то теперь появилось и множество язычников, которые впервые получили такой же доступ к Богу, как и евреи, через Кровь на кресте. Из-за огромного количества верующих из язычников, в сравнении с верующими из евреев, Церковь, к сожалению, потеряла все следы еврейских корней веры. Только в наши дни, когда все больше и больше евреев возвращаются к Богу через своего Мессию, изначальная еврейская идентичность, в которой зародилось Евангелие, постепенно восстанавливается.

ИЗРАИЛЬ ПО-ПРЕЖНЕМУ ПРИЗВАН БЫТЬ СВЕТОМ ДЛЯ НАРОДОВ

В предыдущей главе мы прочитали такие слова Иисуса: «...ибо спасение – от Иудеев» (Иоанна 4:22). Мы также открывали еврейский Танах (Ветхий Завет) и читали о Божьем призвании для евреев быть нацией священников и нести познание о едином истинном Боге языческим народам. Итак, остается задать вопрос: изменилось ли это призвание сейчас, когда мы живем в Новом Завете? Ответ – решительное «нет». Призыв к еврейскому народу быть светом для народов не изменился ни на йоту. Даже сами послания Нового Завета подтверждают этот факт. Написано: «Ибо дары и призвание Божие непреложны» (Римлянам 11:29). Если вы посмотрите на контекст, то обнаружите, что Павел говорит о еврейском народе (Израиле) и его роли в донесении познания о Боге народам в конце времен. Становится совершенно ясно, что призыв Бога к еврейскому народу выполнить эту задачу никогда не менялся и никогда не изменится. Вот что означает слово «непреложный»! Это значит, что он не может быть отозван и не будет отозван! Богу, в отличие от людей, не присуще непостоянство. Он не такой, чтобы сегодня сказать что-то одно, а на следующий день изменить свое мнение. То, что Он говорит, стоит и пребывает вовеки.

Каков практический результат призыва к еврейскому народу в современную эпоху? Еврейский народ прошел ужасы Холокоста менее 80 лет назад. Сегодня этот народ вернулся на свою землю под названием Израиль, которая была восстановлена и теперь процветает после почти 2000 лет изгнания. Все это – исполнение предсказаний ветхозаветных пророков. Несмотря на свои крошечные географические размеры, Израиль процветает экономически, технологически и даже в военном отношении. Вклад евреев в мировую экономику, науку, искусство, технологии, сельское хозяйство и множество присужденных им Нобелевских премий в различных областях несоразмерен с их численностью на Земле. Во всем мире насчитывается менее 15 миллионов евреев, что составляет менее чем 0,2 процента от примерно 8 миллиардов человек на момент написания этой книги. Остается задать вопрос: справляемся ли мы со своей главной ролью и призванием на этой земле – быть «светом для народов» и нести миру познание единого истинного Бога Израилева?

Чтобы получить ответ на этот вопрос, нам нужно еще раз вернуться к единственно надежному источнику ответов – Слову Божьему. Мы уже видели в Торе (Пятикнижие Моисея), как Бог призвал Израиль стать царством священников, народом святым, чтобы быть Его сокровищем среди всех народов земли:

> *…итак, если вы будете слушаться гласа Моего и соблюдать завет Мой, то будете Моим уделом из всех народов, ибо Моя вся земля, а вы будете у Меня царством священников и народом святым; вот слова, которые ты скажешь сынам Израилевым.*
> (Исход 19:5-6)

Именно эти места Писания мы использовали в начале главы. В ней говорится о призвании Израиля, которое было упомянуто ранее. Дальнейшее разъяснение этого призвания мы видим во

Второзаконии, также написанном рукой Моисея от лица Самого Бога:

> *...ибо ты народ святой у Господа, Бога твоего: тебя избрал Господь, Бог твой, чтобы ты был собственным Его народом из всех народов, которые на земле. Не потому, чтобы вы были многочисленнее всех народов, принял вас Господь и избрал вас, ибо вы малочисленнее всех народов, но потому, что любит вас Господь, и для того, чтобы сохранить клятву, которою Он клялся отцам вашим, вывел вас Господь рукою крепкою и освободил тебя из дома рабства, из руки фараона, царя Египетского.*
> (Второзаконие 7:6-8)

БОЖЬЯ БЛАГОСТЬ И СТРОГОСТЬ

Бог повторяет Свой призыв к Израилю быть царством священников и святым народом для Него. Как я упоминал ранее, Израиль стал экономическим и технологическим центром и даже экспортирует свои инновации в другие страны. Страна, которая 80 лет назад представляла собой болота и пустыни, теперь является одним из крупнейших экспортеров цитрусовых на земле. И снова все это – чудесное исполнение библейского пророчества. Но обратите внимание: всякий раз, говоря о Своей цели и призвании для Израиля, Бог повторяет, что они призваны быть царством священников и святым народом. Израиль – это современное чудо, это свидетельство истинности Писания и верности Бога Своему Слову. Чего мы еще не видим в Израиле, так это святого народа или царства священников. Мы еще не видим их как нацию, отделенную для Бога в практическом смысле.

В Новом Завете Павел, еврейский апостол, подтверждает, что призыв Бога к Израилю не изменился – он такой же, как и в день, когда Бог первоначально призвал их. Другими словами, дары и призвания Божьи непреложны, а это означает, что они не были и никогда не будут отозваны. Те, кто говорят, что сегодня языческая церковь в большинстве случаев заменила Израиль, рискуют быть заменены евреями. Хотите верьте, хотите нет, но книги Нового Завета учат именно этому:

> *Скажешь: «ветви отломились, чтобы мне привиться». Хорошо. Они отломились неверием, а ты держишься верою: не гордись, но бойся. Ибо если Бог не пощадил природных ветвей, то смотри, пощадит ли и тебя. Итак, видишь благость и строгость Божию: строгость к отпадшим, а благость к тебе, если пребудешь в благости Божией; иначе и ты будешь отсечен. Но и те, если не пребудут в неверии, привьются, потому что Бог силен опять привить их.*
> (Римлянам 11:19-23)

В новозаветных книгах мы отчетливо видим предупреждение в адрес христиан из язычников, заявляющих о том, что они, то есть церковь, заменили Израиль. Им прямо и ясно дают понять, что в случае, если они будут упорствовать в этой высокомерной и антисемитской позиции, им грозит опасность быть отсеченными Самим Богом. Но этим все не закончится – едва они будут отсечены, на их место придут еврейские последователи Иисуса. Подобно тому, как Бог когда-то уже отсек еврейский народ за неверие в Иисуса, точно так же Он отсечет и верующих из язычников за высокомерное отношение к еврейскому народу. Если бы я был язычником, меня пугала бы даже одна перспектива быть отсеченным от Бога, и я делал бы все возможное, чтобы сохранять смирение по отношению как к Богу, так и к евреям. Обратите внимание, что это не вендетта Бога или моя собственная месть против язычников. Помните, что Он уже отсек большую часть Израиля за неверие, дав понять, что у Него нет фаворитов. Произошедшее с евреями стало предупреждением для язычников: если они не сохранят смиренное отношение к своим братьям-евреям, то также будут отрезаны. Итак, мы видим в этом как благость, так и строгость к евреям и язычникам – в том случае, если они на свой страх и риск будут игнорировать Божьи предупреждения. В этих стихах отчетливо видно проявление совершенной справедливости и благости Бога.

ПРИЗВАН ПРИНЕСТИ ЖИЗНЬ ИЗ МЕРТВЫХ

Подводя итоги, мы убеждаемся, что Израиль по-прежнему избран Богом и это никогда не изменится. Настоящая проблема заключается в том, что избрание влечет за собой огромный груз ответственности. Здесь не идет речь о карт-бланше в виде возможности плыть по жизни с автоматическим попаданием в рай только потому, что человек родился евреем. Надо признаться, что я, как стопроцентный еврей и коэн из колена Левия, в это верил. Трудно было ошибиться сильнее! Во-первых, я узнал, что ни один еврей или любой другой человек, если на то пошло, не может попасть на небеса или иметь отношения с Богом, не приняв Иисуса. Иисус дал понять это первым ученикам из евреев, когда сказал: «Я есть путь и истина и жизнь; никто не приходит к Отцу, как только через Меня» (Иоанна 14:6, НРП). Итак, слово «избранный» не означает «лучше или выше других» – это гораздо большая ответственность перед Богом и человечеством в целом. Сегодня евреи по-прежнему призваны нести народам знание о едином истинном Боге. Это познание Бога доступно только через нашего обещанного Мессию Иешуа (Иисуса). Таким образом, чтобы выполнить данное Богом поручение, всем евреям нужно сделать первый шаг: безоговорочно отдать свои сердца и жизни Иисусу. Это только отправная точка, а не финал. Возможно, вы считаете это крайне сложной задачей, поскольку трудно даже хотя бы донести Евангелие до евреев. Однако помните, что для Бога нет ничего слишком сложного. Как мы говорили ранее, в конце концов весь Израиль будет спасен. О том, как достигать их, я делюсь с вами в своей книге «Божий образец для Великого Поручения».

Отдав свое сердце Иисусу, всякий еврей будет готов приступить к исполнению своего поручения, данного Богом, и призвания в качестве еврейского последователя Иисуса. Это поручение состоит в том, чтобы, согласно Писанию, воскрешать мертвых. Об этом ясно говорит Павел: «Ибо если отвержение их – примирение мира, то что *будет* принятие, как не жизнь из мертвых?»

(Римлянам 11:15). Призвание верующего еврея после почти 2000-летнего отсечения от собственной маслины заключается не только в том, чтобы жить обычной христианской жизнью и однажды попасть на небеса. Нет, цель – это воскресение мертвых. Верующие евреи должны принести Божью жизнь в места, где преобладает мертвая религия и традиция, будь то церковь или мессианское собрание, в зависимости от обстоятельств. К этому призван каждый отдельный человек.

Также мы, как мессианские верующие, призваны оказывать влияние на этот мир, делая Царство Божье реальным и осязаемым везде, где бы мы ни находились. Вы спросите, не в этом ли состоит призвание всех христиан? Ибо все мы – «свет миру», по словам Иисуса; не так ли? Мой ответ будет: да, это правда. Но помните, что Бог не призывал бы нас, евреев, принести «жизнь из мертвых», если бы что-то уже не было мертвым. Наше призвание – нести жизнь воскресения Иисуса в любую ситуацию, которая дана нам в пределах нашей сферы влияния. В общей сложности, Церкви необходимо вернуться не только к своим еврейским корням, но и к истинному познанию Бога Авраама, Бога Исаака и Бога Иакова через Его единородного Сына Иисуса, нашего Мессию. Если каждый из нас послушно выполняет свою роль лично, тогда Бог позаботится обо всей картине в целом. И пусть каждый из нас, будь то еврей или язычник, позаботится о том, чтобы лично выполнить свою роль, а Бог позаботится об остальном!

ГЛАВА 9

НАМ ВСЕ ЕЩЕ НУЖЕН ПОСРЕДНИК

*Ибо един Бог, един и посредник между Богом и человеками, человек Христос Иисус, предавший Себя
для искупления всех.*
(1 Тимофею 2:5-6)

Будучи молодым человеком, воспитанным в еврейской вере, я всегда считал, что мы, евреи, общаемся с Богом напрямую. Я думал, что потребность в «посреднике» была языческой концепцией для тех, кто не знал истинного Бога лично. Поскольку мой отец постоянно говорил мне, что христиане (в его понимании язычники), чтобы достичь Бога, поклоняются в своих церквах статуям и идолам святых, я все время старался держаться подальше от церквей. Я всегда верил в единого истинного Бога Израиля и никогда не хотел быть обвиненным в идолопоклонстве. Судя по всему, отец имел в виду католические и русские православные церкви, о которых ему, вероятно, рассказывали его родители из Восточной Европы, поэтому он и предположил, что все церкви одинаковы. Это был его единственный ориентир относительно церквей. По этой причине, я, будучи евреем, не осмеливался войти в двери церкви, чтобы не оказаться виновным в идолопоклонстве. Я даже представить себе не мог, что могу поклониться идолу или молиться какому-либо истукану о помощи.

Итак, однажды я был с друзьями в Йоханнесбурге, в довольно суровой части города под названием Хиллброу. Была поздняя ночь, почти полночь, и мы находились в центре города, возле площадки под открытым небом, которую мы называли «Фонтана». Некоторые магазины работали допоздна, и по выходным молодые люди нередко тусовались там за полночь. В том месте часто парковали свои мотоциклы банды мотоциклистов. Они слонялись в своей черной кожаной одежде и производили шум, увеличивая обороты своих двигателей, чтобы попытаться запугать окружающих и обозначить свою территорию. Поскольку в центре была площадка под открытым небом, окруженная магазинами, где люди могли покупать еду и кофе, этот район часто посещали уличные проповедники, которых я обычно игнорировал. На мой взгляд, это были странные, довольно злые люди, которые, как казалось, всегда кричали на толпу. Поскольку этот район уже был заселен мотоциклетными бандами, бездомными и множеством пьяниц и наркоманов, для меня они были просто еще одной аномалией этого района, которую следует игнорировать.

И вот около полуночи я пошел туда с моими друзьями-евреями. Среди них было несколько крупных парней, игроков в регби, так что меня совсем не пугали мотоциклетные банды или другие опасные люди, болтающиеся поблизости. Я услышал уличного проповедника, сердито кричащего на людей (или я так его воспринимал), проповедующего им. Мои друзья и я видели, что, когда он противостоял банде мотоциклистов, называемой «Ангелы ада», призывая их покаяться и прийти к Иисусу, вокруг него собралась большая толпа. Предполагаю, что толпа собралась, поскольку его ничуть не испугали эти грубые гангстеры с тяжелыми цепями на шее и татуировками по всему телу.

Я не мог не заметить, что этот уличный проповедник и сам был довольно устрашающей личностью с широким лицом и огромной копной вьющихся каштановых волос. Судя по его сильному акценту, я мог бы сказать, что он был африканером (предком первых голландских поселенцев). Он выглядел так, будто был достаточно крут, чтобы расплющить любого из зрителей, посмевших бросить вызов ему или его посланию. Проповедуя и делясь своей историей, он сообщил, что сам является бывшим заключенным. Я предположил, что вокруг него собралась большая толпа, потому что он был таким большим и бесстрашным даже перед этой неуправляемой бандой мотоциклистов. Он сказал, что Иисус спас его, когда он был в тюрьме, и что их тоже нужно спасать. Я не понял, от чего именно спас его Иисус, поэтому решил, что Иисус спас его от дальнейшего пребывания в тюрьме. Я порадовался за него и его спасение (хотя и не знал, что это значит), поскольку подумал, что никогда не захочу в одиночестве встретить этого парня в темном переулке. Я был просто счастлив, что теперь он «спасен», хотя все еще не понимал, что именно он имел в виду. Он продолжал «проповедовать» и требовать ото всех, чтобы они тоже стали «спасенными», но, на мой взгляд, он совершенно не разъяснил, от чего они все должны были спастись. Единственная часть, которая была мне понятна, заключалась в том, что всем слушающим нужно было прийти к Иисусу, чтобы они тоже могли спастись.

Я продолжал внимательно его слушать, ожидая, что он разъяснит свое послание, но мой еврейский разум отказывался принимать информацию. В конце концов из его послания я сделал вывод, что христианам (в моем понимании, неевреям) нужен был этот Иисус для спасения, хотя проповедник толком не объяснил, от чего же им нужно было спасаться. В качестве одного из примеров «спасенного» человека он показал бывшего алкоголика, который когда-то умирал на улице, а теперь был трезв. Этот пример был мне понятным, поэтому я предположил, что он имел в виду в основном пьяниц, наркоманов и жестоких главарей банд мотоциклистов. Я ушел немного сбитый с толку, но счастливый за бывшего пьяницу, который теперь был «спасен». Я был рад, что у этих язычников есть путь к Богу через Иисуса. В то же самое время у меня ни на мгновение не появилось мысли, что это послание каким-то образом имеет отношение ко мне. Во-первых, я не был наркоманом или алкоголиком, а во-вторых, я был евреем и нам не нужен был посредник – мы имели прямую связь с Богом. По крайней мере, так думал я и большинство ортодоксальных евреев.

Джеффри Коэн

ЕВРЕЙСКОМУ НАРОДУ ТАКЖЕ НУЖЕН ПОСРЕДНИК

Когда я делюсь Радостной Вестью со своими еврейскими братьями и сестрами, мне часто говорят, мол, мы, евреи, имеем прямую связь с Богом. Они утверждают, что нам не нужен «посредник» между нами и Богом. Особенно подчеркивают этот факт ортодоксальные евреи и другие ревностные последователи практик иудаизма. Слушая подобные заявления, я совершенно не удивляюсь, поскольку и сам раньше верил в это. В иудаизме меня учили этому с детства в еврейских школах, в которых я вырос и получил образование в годы моего становления. Сейчас я осознаю, что это учение иудаизма никак не подтверждается Писанием и не может быть доказано им. На самом деле, изучив Ветхий Завет и особенно историю Израиля, мы увидим, что там всегда полагались на посредника между собой и Богом, прямо или косвенно. Если мы рассмотрим Тору (Пятикнижие Моисея), то увидим, как Авраам умоляет Бога не разрушать Содом и Гоморру за их нечестие.

Трое мужей, посетивших Авраама, поднялись и направились в Содом, но Авраам все еще стоял перед Господом. Вот что Авраам сказал Господу:

> *И подошел Авраам и сказал: неужели Ты погубишь праведного с нечестивым? Может быть, есть в этом городе пятьдесят праведников? Неужели Ты погубишь, и не пощадишь места сего ради пятидесяти праведников в нем? Не может быть, чтобы Ты поступил так, чтобы Ты погубил праведного с нечестивым, чтобы то же было с праведником, что с нечестивым; не может быть от Тебя! Судия всей земли поступит ли неправосудно? Господь сказал: если Я найду в городе Содоме пятьдесят праведников, то Я ради них пощажу все место сие.*
> (Бытие 18:23-26)

Мы наблюдаем, как Авраам умоляет Бога от имени Содома не разрушать его, если в нем найдется всего пятьдесят праведников.

Он продолжает умолять в страхе Божием, пока не доводит число до десяти праведников. Бог согласен пощадить город, если будет хотя бы десять праведников. К сожалению, там не нашлось даже такого количества праведников, и потому Бог пощадил только Лота и его семью, а весь город был разрушен огнем и серой. Итак, мы видим, как в ситуации с Авраамом, нашим праотцом и основателем еврейского народа, он на практике ясно понял, что значит быть посредником между Богом и человеком. Бог смягчился бы и удержал Свой суд, если бы в Содоме было хотя бы десять праведников.

МОИСЕЙ БЫЛ НАШИМ ПОСРЕДНИКОМ

Следующий пример посредника может удивить некоторых из вас, особенно если вы, как и я, еврей. Этот пример – Моисей. По какой-то причине, когда я делюсь Евангелием с представителями своего народа, все они обязательно заводят речь о Моисее и его примере верности Богу. Обычно они говорят что-то наподобие: «Мы верим в Моисея, но не верим в Иисуса». Я напоминаю им, чтобы они самостоятельно читали еврейские писания, особенно Тору, и обращали внимание на то, как мы, евреи, относились к Моисею на этой земле. Мы очень быстро забываем собственную историю. Израильская община не раз хотела побить Моисея камнями до смерти. Только Бог сверхъестественным образом защищал его от этого. Когда двенадцать соглядатаев вернулись из Земли Обетованной, десять из них дали негативный отчет, а именно: землю взять невозможно, потому что в ней живут великаны. От услышанного люди пришли в ярость. Однако Халев сказал, что они могут взять землю и владеть ею. Тем не менее люди приняли точку зрения десяти соглядатаев, принесших негативные вести, и отказались принять позицию Иисуса Навина и Халева, которые сказали, что взять землю вполне возможно:

> *А те, которые ходили с ним, говорили: не можем мы идти против народа сего, ибо он сильнее нас. И распускали худую молву о земле, которую они осматривали, между*

сынами Израилевыми, говоря: земля, которую проходили мы для осмотра, есть земля, поедающая живущих на ней, и весь народ, который видели мы среди ее, люди великорослые; там видели мы и исполинов, сынов Енаковых, от исполинского рода; и мы были в глазах наших пред ними, как саранча, такими же были мы и в глазах их.
(Числа 13:32-34)

Дети Израиля сказали, что, по сравнению с этими людьми, исполинами, они были подобны саранче. Интересно отметить, что именно они сказали: «…мы были в глазах наших пред ними, как саранча, такими же были мы и в глазах их» (Числа 13:34). Обратите внимание: никто никогда не говорил им, что они были похожи на саранчу. Это был их собственный вывод. Они сказали, что «…мы были в глазах наших пред ними, как саранча», а затем поторопились с выводом: «… такими же были мы и в глазах их». Они уже дисквалифицировали сами себя еще до самой битвы. Они исключили даже саму возможность победы в этой битве, хотя Бог уже пообещал им ее. Тем не менее только Иисус Навин и Халев сказали, что им удастся взять землю. В этой ситуации мы видим, как сильно Бог ненавидит неверие и насколько это серьезный грех.

Из-за своего неверия Израиль восстал против Моисея, который, как им показалось, напрасно привел их в пустыню. Они не помнили, что Бог именно с помощью Моисея вывел их из Египта, чтобы ввести в прекрасную Землю Обетованную. Вот почему они приняли решение отвергнуть Моисея и избрать себе другого лидера, который вернет их в землю Египта, где они находились в рабстве около 450 лет. Они так рассердились на Моисея за то, что он привел их в пустыню, что хотели побить его камнями до смерти. Они жаловались на него так:

И подняло все общество вопль, и плакал народ во всю ту ночь; и роптали на Моисея и Аарона все сыны Израилевы, и все общество сказало им: о, если бы мы умерли в земле Египетской, или умерли бы в пустыне сей! и для чего Господь ведет нас в землю сию, чтобы мы пали от меча?

жены наши и дети наши достанутся в добычу врагам; не лучше ли нам возвратиться в Египет? И сказали друг другу: поставим себе начальника и возвратимся в Египет.
(Числа 14:1-4)

Иисус Навин и Халев снова начали умолять их и напоминать, что Бог уже дал им победу:

...и сказали всему обществу сынов Израилевых: земля, которую мы проходили для осмотра, очень, очень хороша; если Господь милостив к нам, то введет нас в землю сию и даст нам ее – эту землю, в которой течет молоко и мед; только против Господа не вставайте и не бойтесь народа земли сей; ибо он достанется нам на съедение: защиты у них не стало, а с нами Господь; не бойтесь их.
(Числа 14:7-9)

Иисус Навин и Халев продолжали увещевать народ не восставать против Господа из-за неверия. Они даже объяснили, почему израильтяне не могут проиграть битву с исполинами:

...только против Господа не восставайте и не бойтесь народа земли сей; ибо он достанется нам на съедение: защиты у них не стало, а с нами Господь; не бойтесь их.
(Числа 14:9)

Можете ли вы представить, как Бог говорил им, что Он лично убрал Свою защиту с врагов Израиля и поэтому израильтяне не могут проиграть эту битву? Более того, Бог обещал быть с ними, и потому им не нужно бояться врага. Думаю, что в тот момент мы могли бы даже на физическом уровне ощутить ободрение и веру, которыми наполнились израильтяне, услышав слова от Самого Бога. Они так ждали этих слов, к тому же им пришлось терпеть такие испытания и лишения в течение многих лет! Наконец-то до победы рукой подать! Но нет, произошло невообразимо обратное – вместо того, чтобы принять ободрение и обещание уверенной победы, израильтяне поступили так:

Джеффри Коэн

И сказало все общество: побить их камнями!
(Числа 14:10)

Несмотря на все уговоры и исполненную верой убежденность в том, что Бог уже дал им землю, люди возжелали побить двух соглядатаев и Моисея камнями. Бог так разгневался на этих людей, что сказал Моисею о Своем желании уничтожить их всех и произвести от Моисея новый народ, больше числом, чем был.

И сказал Господь Моисею: доколе будет раздражать
Меня народ сей и доколе будет он не верить Мне
при всех знамениях, которые делал Я среди его?
Поражу его язвою, и истреблю его, и произведу от тебя
народ многочисленнее и сильнее его.
(Числа 14:11-12)

В словах Бога во время разговора с Моисеем можно почувствовать всю Его боль и раздражение. Что еще мог сделать Бог, чтобы показать евреям Свою силу и могущество? Чего Он еще не показал им в течение долгих лет знамений, чудес и обеспечения более 3 миллионов человек в пустыне?! Они ни в чем не нуждались и многие годы ни разу не голодали и не испытывали жажду! Тем не менее Моисей стал за них в проломе. Он выступил посредником между ними и праведным судом Божиим. Вот как он умолял Бога:

Но Моисей сказал Господу: услышат Египтяне,
из среды которых Ты силою Твоею вывел народ сей, и
скажут жителям земли сей, которые слышали, что Ты,
Господь, находишься среди народа сего, и что Ты, Господь,
даешь им видеть Себя лицом к лицу, и облако Твое стоит
над ними, и Ты идешь пред ними днем в столпе облачном,
а ночью в столпе огненном…
(Числа 14:13-14)

И далее:

…и если Ты истребишь народ сей, как одного человека, то народы, которые слышали славу Твою, скажут: «Господь не мог ввести народ сей в землю, которую Он с клятвою обещал ему, а потому и погубил его в пустыне».
(Числа 14:15-16)

Мы никогда не узнаем, согласился ли Бог с логикой и аргументацией Моисея или нет. Тем не менее, благодаря сказанному, Он смягчился и отказался от решения уничтожить весь народ и создать новый, более великий народ через Моисея. Что мы знаем точно, так это то, что сегодня, благодаря посредничеству Моисея, мой народ все еще существует и мы имеем нашу страну, которая называется «Израиль», уже много тысяч лет. Безусловно, нам нужен был посредник в пустыне, и, без сомнений, мы нуждаемся в посреднике сегодня!

ЕСТЬ ТОЛЬКО ОДИН ПОСРЕДНИК

Глядя на историю Израиля через еврейские писания, мы с трудом найдем хотя бы один случай, когда у евреев не было посредника между ними и Богом или они в нем не нуждались. Как мы видели в предыдущей главе, в Израиле существовало левитское священство, и первосвященник раз в год, в День искупления, выступал посредником между всем народом и Богом. В моменты, когда суд казался неизбежным, древние пророки взывали к Богу от имени Израиля. Потом у нас были судьи, которые правили и одновременно трудились в качестве посредников между людьми и Богом. Мы, евреи, все еще осознаем необходимость в посреднике, поскольку в новейшей истории мы начали воспринимать в качестве наших посредников раввинов или тех великих ребе прошлого, которые сейчас похоронены в Украине, в Умани. Более 30 000 ортодоксальных евреев раз в год совершают паломничество к могиле рабби Нахмана, чтобы попытаться ощутить прикосновение Бога. Но этот ребе и все остальные мертвы и похоронены, и они не могут никого спасти или кому-то помочь. Мы видим, как много католиков пытаются найти посредника в Марии (Мириам), матери Иисуса, или некоторых великих святых прошлого. Русские православные, чтобы получить прощение грехов, пытаются добраться до Бога посредством своего священника. Этот список можно продолжать и дальше – человечество тщетно пытается достичь Бога через посредников, которые не могут спасти их и помочь им.

Писание показывает нам, что между Богом и человеком есть единственный Посредник – Сам Иисус, Обетованный Мессия Израиля и всего мира. Еврейский апостол Павел очень доступно говорит об этом в одном из своих посланий. По всей вероятности, никто не понимал Священное Писание лучше, чем он. Никто лучше него не осознавал, что без совершенной жертвы Обетованного Израилева не может быть прощения грехов и посредничества между Богом и человечеством, будь то еврей или язычник. Павел разъяснил это в письме к своему юному ученику Тимофею такими словами:

Ибо един Бог, един и посредник между Богом и человеками, человек Христос Иисус, предавший Себя для искупления всех. Таково было в свое время свидетельство…
(1 Тимофею 2:5-6)

Ранним христианам из евреев, которые размышляли о возможности возвратиться к иудаизму и системе храмовых жертвоприношений того времени, автор этого послания очень недвусмысленно дал понять, что только Иешуа (Иисус) может быть их посредником. Он сказал так:

По Его воле мы освятились через единократное принесение в жертву тела Мессии Иешуа. Действительно, каждый коэн стоит изо дня в день, снова и снова служа и принося одни и те же жертвы, которые никогда не могут устранить грехи. Но, с другой стороны, когда Сей принес на все времена единую жертву за грехи, Он воссел одесную Бога, ожидая с тех пор, пока враги Его не станут

подножием ног Его. Ибо одним приношением Он навсегда сделал совершенными освящаемых.
(Евреям 10:10-14, дословный перевод английской версии *TLV*)

Павел утверждает, что есть только одно приношение для всего Израиля и всего человечества. Только жертва Иисуса на кресте может избавить нас от греха и дать нам доступ к Богу как сейчас, так и во всей вечности. Позвольте мне говорить открыто и честно: Бог никогда не примет никакого другого посредника, с помощью которого мы пытаемся к Нему прийти. Если мы, евреи или неевреи, попробуем пойти другим путем, то будем отвергнуты Богом и не сможем попасть на небеса. Ни мужчина, ни женщина, будь то еврей или язычник, никогда не смогут попасть на небеса на основании своих собственных заслуг. Мы не можем заработать спасение, не можем достичь его и нам никогда не удастся его осуществить. Еврейский пророк Исаия сказал об этом так:

Все мы сделались – как нечистый, и вся праведность наша – как запачканная одежда; и все мы поблекли, как лист, и беззакония наши, как ветер, уносят нас.
(Исаия 64:6)

Другой перевод показывает еще более ясную картину:

Ибо все мы стали как [церемониально] нечистый [как прокаженный], и все дела праведности наши – как запачканная одежда; все мы увядаем и тлеем, как лист, и злоба наша [наш грех, наша несправедливость, наша неправда], как ветер, уносит нас [унося нас далеко от благодати Божией, к погибели].
(Исаия 64:6 дословный перевод английской версии *AMP*)

Джеффри Коэн

ПУТЬ, ВЕДУЩИЙ К ВЕЧНОЙ ЖИЗНИ

Некоторых людей раздражает, когда мы говорим, что Иисус – единственный путь к Богу. Они часто называют нас догматичными или ограниченными. Однако Иисус сказал, что путь к жизни узок и по нему идут немногие. Меня не волнует, что дорога узка, – я просто хочу быть на правильной дороге, ведущей в рай. Я не хочу двигаться по широкой дороге, которая одобрена всеми, кроме Бога. Широкая дорога ведет только к погибели, а узкая дорога – к жизни. Иисус сказал об этом следующее:

> *Входите тесными вратами, потому что широки врата и пространен путь, ведущие в погибель, и многие идут ими; потому что тесны врата и узок путь, ведущие в жизнь, и немногие находят их.*
> (Матфея 7:13-14)

Я выбираю тесные ворота, ведущие на узкую и трудную дорогу, но при этом ведущие в жизнь. Я не хочу следовать за толпой, идущей по широкой дороге, потому что они движутся в вечную погибель. Узкий путь может быть трудным, но благодать Божья всегда рядом, чтобы сохранить нас, защитить и уберечь от капканов и ловушек этой жизни. Узкая дорога – это дорога, ведущая в небо, проникнутая невыразимой радостью и полнотой славы. Мы читаем в Писании:

> *Ты укажешь мне путь жизни: полнота радостей пред лицом Твоим, блаженство в деснице Твоей вовек.*
> (Псалом 15:11)

Я выбираю путь, ведущий к вечной жизни, который позволит мне испытать «блаженство» с Тем, Кто восседает на престоле и живет во веки веков. Какой путь выберете вы?

ГЛАВА 10

ОБЩЕСТВО ИЗРАИЛЬСКОЕ

В то время вы были отделены от Мессии, не имели доступа в общество Израиля и части в заветах обетования, были без надежды и без Бога в мире. Но теперь в Мессии Иешуа вы, которые когда-то были далекими, приблизились, благодаря крови Мессии.
(Ефесянам 2:12-13, дословный перевод
английской версии *Contemporary English Version*)

Как правило, христианин, разговаривая с евреем, пришедшим к вере в Иисуса, задает ему вопрос приблизительно такого рода: «Так когда же вы приняли христианство?» Я понимаю, что именно подразумевается под этим вопросом в большинстве случаев, но его значение для еврея огромно. Позвольте мне объяснить. То, как еврей интерпретирует такой вопрос, очень отличается от вопроса, который задают на самом деле. Обычно еврей истолковывает его следующим образом: «Итак, когда вы перестали быть евреем, осознав, что все это время ошибались, и стали христианином?» Или же на подсознательном уровне это часто воспринимается в таком виде: «Так когда же вы перестали быть евреем и стали одним из нас (христианином)?» Почему важно различать то, как трактует этот вопрос еврей, и то, что под ним подразумевают христиане? Ответ таков: в большинстве случаев один и тот же вопрос выдвигается с противоположной позиции.

Среднестатистический еврей воспринял бы этот вопрос, скорее, как вопрос культуры, а не веры. Для еврея христианин – это, как правило, человек, который вырос в церкви и отмечает Пасху и Рождество вместо того, чтобы ходить в синагогу и соблюдать еврейскую субботу и праздники. Иными словами, они воспринимали бы это прежде всего как вопрос культуры, а не как вопрос истинной веры в Живого Бога. Многие евреи даже не рассматривают возможность «обращения» в христианство, потому что считают, что, по сути, им придется отрицать, что они евреи, и отказаться от всего, связанного с еврейской верой. Таким образом, камень преткновения, с которым они часто борются, – это не реальный вопрос о том, кем на самом деле является Иисус, а, скорее, вопрос культуры, связанный с необходимостью отказаться от своих еврейских корней. Мы всегда хотим, чтобы в центре нашего вопроса был Иисус и то, Кем Он является согласно Писанию. Нам однозначно не хочется, чтобы еврейская либо христианская культура стали камнем преткновения для веры в Личность Самого Иисуса. Писание учит нас, что Сам Иисус часто является «преткновением» для еврейского народа, поэтому нам вовсе незачем добавлять еще какие-то камни к уже существующему, который Бог давно определил. Место Писания, где Иисус назван «камнем преткновения», находится в Ветхом Завете:

Он будет святилищем и камнем, о который споткнутся;
для обоих домов Израиля Он будет скалой,
из-за которой они упадут – ловушкой и западней
для всех обитателей Иерусалима.
(Исаия 8:14, НРП)

Посему так говорит Господь Бог: вот, Я полагаю
в основание на Сионе камень – камень испытанный,
краеугольный, драгоценный, крепко утвержденный:
верующий в него не постыдится.
(Исаия 28:16)

Обратите внимание, что в обоих этих стихах речь идет об Иисусе. В первом упоминании, в Исаии 8:14, говорится, что Он будет «святилищем и камнем, о который споткнутся; для обоих домов Израиля Он будет скалой, из-за которой они упадут…»

Каким же образом Он может быть для Израиля одновременно и «святилищем», и «камнем, о который споткнутся; …скалой, из-за которой они упадут»? Ответ прост для понимания: Он становится святилищем и убежищем в Израиле для всех, кто принимает Иисуса. Я, как еврей, который следует за Иисусом почти четыре десятилетия, могу с уверенностью это подтвердить. Он – мое святилище и убежище во время всех жизненных бурь. Однако если мы отвергаем Его как Мессию и святилище, которыми Он является, то вместо убежища Он становится для нас «камнем, о который споткнутся» и «скалой, из-за которой они упадут». Иисус хочет быть нашим святилищем, но мы должны выбрать Его своим святилищем. Он никогда не будет нам Себя навязывать и вмешиваться в нашу свободу выбора.

В еще одном месте Писания, в Исаии 28:16 (НРП), также идет речь об Иисусе. Важно отметить сказанные там слова: «Вот, Я кладу на Сионе Камень». В этом случае Сион имеет прямое отношение к еврейскому народу, поскольку гора Сион находится в Иерусалиме. Обратите внимание, что Иисус заложен как основание еврейского народа подобно тому, как краеугольный камень является основанием или опорой еврейского храма. Далее говорится, что Он – «камень краеугольный, драгоценный» и «крепко утвержденный». Ранее говорится, что Иисус также является «камнем испытанным», т. е. Он был подвергнут проверке и с честью преодолел все испытания.

Почему эти ветхозаветные стихи, относящиеся к Иисусу, так важны для нашего понимания Его и нашего взгляда на церковь, основанием которой Он является? Это важно, поскольку о том, что Иисус одновременно является основанием как для еврейского народа, так и для Церкви, проповедуется очень редко. Тот факт, что многие отвергают Иисуса, не отменяет Его роли как первоосновы. Важно отметить, что основание Иисуса было изначально заложено «на Сионе», то есть среди еврейского народа. Слово «Сион» может в равной степени применяться как к Церкви, т. е. народу Божьему, так и к еврейскому народу. Писание ясно говорит об этом в послании к еврейским христианам:

Но вы приступили к горе Сиону и ко граду Бога живого, к небесному Иерусалиму и тьмам Ангелов…
(Евреям 12:22)

Писание объясняет нам, что одновременно существует и реальная гора Сион, то есть физический Иерусалим, и духовная гора Сион, то есть все дети Божьи, принявшие Иисуса как Мессию. Мы здесь говорим о последователях Иисуса как из евреев, так и из язычников. Итак, мы видим, что и евреи, и язычники составляют народ Божий через веру в Иисуса, потому что в небесном Иерусалиме не будет деления на еврейский и языческий кварталы. Мы – одно целое в Господе.

ЯЗЫЧНИКИ, ПРИВИТЫЕ К ЕВРЕЙСКОЙ МАСЛИНЕ

Писание сравнивает Израиль с оливковым деревом. Речь идет о его естественных и диких ветвях. Естественные ветви – это еврейский народ, потому что они являются настоящими сыновьями завета; привитые же ветви – это язычники. Итак, когда язычники, поверив в Иисуса, каются в своих грехах, они «прививаются» к этой еврейской маслине. Затем они становятся причастниками «корня и сока маслины». Обратите особое внимание, что язычники привиты «среди оставшихся», а не «на место их». Многие лжеучителя веками учили, что церковь заменила собой Израиль, но мы ясно видим: Писание утверждает, что язычники привиты «среди оставшихся» на еврейской маслине – то есть среди евреев, верующих в Иисуса. Павел говорит об этом так:

Если свята часть теста, что Богу посвящается как первый плод, таким же все тесто будет; если корень свят, таким же быть и ветвям. Пусть некоторые из них были отломлены, а ты, ветвь от дикой маслины, оказался привит среди оставшихся и стал причастен корню, питающему маслину садовую…
(Римлянам 11:16-17, Библия под ред. Кулаковых)

Важно отметить, что язычники имеют равный с евреями доступ к «соку» (Синодальный перевод) оливкового дерева, то есть питанию, но при этом они все еще являются привитыми ветвями, а не естественными. Это никоим образом не умаляет их. Дело в том, что они изначально не были заветным народом Бога. В то время они были язычниками, далекими от Бога и без всякой надежды, но теперь они привиты к «обществу Израильскому». Обращаясь в Ефесе к верующим из язычников, Павел говорит им:

> *…что вы были в то время без Христа, отчуждены*
> *от общества Израильского, чужды заветов обетования,*
> *не имели надежды и были безбожники в мире.*
> *А теперь во Христе Иисусе вы, бывшие некогда далеко,*
> *стали близки Кровию Христовою.*
> (Ефесянам 2:12-13)

Мы снова видим здесь акцент на том же самом моменте, однако несколько иной. Павел обращает внимание на то, что язычники, бывшие «далеко», теперь «стали близки» кровью Мессии. Почему они были далеко? Они были далеко, потому что в то время на них не распространялись заветы Бога, которые были заключены только с еврейским народом. Но теперь, согласно Новому Завету, язычники зачислены в «общество Израильское» через кровь Иисуса, еврейского Мессии. Здесь, как и в предыдущей главе, мы видим, что и ветхий завет, и новый завет Бог изначально заключил именно с Израилем. В Иеремии 31:31 сказано:

> *Вот, наступают дни, говорит Господь,*
> *когда Я заключу с домом Израиля*
> *и с домом Иуды новый завет…*

Итак, язычники тоже были привиты в новый завет и стали участниками этого завета, который был вначале заключен с Израилем. Таким образом, как мы ранее говорили, язычники теперь «привиты» к обществу Израиля.

Джеффри Коэн

ИСТОРИЧЕСКАЯ ЦЕРКОВЬ ПРОТИВ БИБЛЕЙСКОЙ ЦЕРКВИ

Почему я так много внимания уделил демонстрации того, что язычники наравне с евреями являются частью еврейского оливкового дерева и теперь привиты к обществу Израиля? По какой причине я делаю акцент на том, что те, кто был «далеко», теперь «стали близки» кровью нового завета? Я сделал это, потому что, когда речь идет о церкви и плане Бога в этом столетии, в большинстве проповедей и даже в исторической церковной концепции евреи представлены как «дополнение». Я не говорю, что это намеренно или даже запланировано. Дело в том, что современная церковь преимущественно проявляется в языческих нациях и в языческой культуре, и в ней практически нет ничего, что указывало бы на факт ее привития к еврейской маслине. В результате большинство евреев понятия не имеют, что Иисус на самом деле является их собственным Мессией и что верующие из язычников «привиты» к ним. Многие даже не знают о том, что их маслина существует. Вот почему миллионы евреев в наше время находятся за пределами своей собственной маслины, к которой им нужно вновь привиться. Павел говорит об этом так:

Ибо если ты отсечен от дикой по природе маслины и не по природе привился к хорошей маслине, то тем более сии природные привьются к своей маслине.
(Римлянам 11:24)

Историческое и современное изображение церкви – это маслина из язычников, которая иногда принимает еврея, если он готов «христианизироваться» в культурном смысле. На протяжении веков подсознательное послание евреям, пришедшим к вере в Иисуса, заключалось в том, что они должны отказаться от всего и вся, что отражает их еврейскую идентичность, и принять «христианскую идентичность». Хотя верно то, что наша идентичность как верующих сейчас основана на Христе (Мессии), тонкий намек в прошлом заключался в том, что все «еврейское» – плохо, а все «христианское» – хорошо. Как я упоминал в предыдущей главе, мы видим такую позицию почти во всем европейском христианском искусстве, например, в «Тайной вечере» Леонардо да Винчи, где все «христиане» выглядели как белые европейцы, а единственным евреем на картине был Иуда, предавший Иисуса.

Почему важно подчеркивать, что историческое и даже современное представление о церкви только как части языческой культуры западных стран абсолютно не соответствует ее образу в Священном Писании? Это важно по одной основной причине: такое небиблейское изображение Иисуса и церкви используется врагом как инструмент, чтобы удерживать евреев подальше и от церкви, и от Иисуса. Из-за такого небиблейского изображения Мессии и Его Церкви большинство евреев вовсе не размышляют об Иисусе. Для них Он – это путь «только для язычников». Меня это очень печалит, и, думаю, у Бога такие же эмоции, потому что Он хочет, чтобы Его избранный народ вернулся к Нему. Нет другого пути к Богу, кроме как через Иисуса.

Я хочу завершить эту главу местом Писания, показывающим Божий взгляд и Божье отношение к еврейскому народу, которые кардинально отличаются от позиции многих исторических церквей. Об этом говорит апостол Павел, но имейте в виду, что это не просто эмоции Павла как еврея, – в этих стихах явлено сердце Бога по отношению к Его народу:

Я говорю истину и не лгу, как и подобает последователю Христа. Об этом свидетельствует моя совесть, руководимая Святым Духом. Мне очень грустно, и сердце мое полно бесконечной боли: я бы предпочел сам быть проклятым и отлученным от Христа ради моих братьев, родных мне по крови, – израильтян. Ведь они получили сыновние права, славу и заветы с Богом, им были даны Закон, богослужение и Его обещания. Из этого народа произошли праотцы, от них по человеческой природе происходит Христос – Бог над всеми, благословенный вовеки. Аминь.
(Римлянам 9:1-5, НРП)

В конце этой главы я хочу бросить вам вызов. Если вы еврей, имеете ли вы библейское представление об Иисусе, которое является единственно точным? Если вы язычник, владеете ли вы библейским представлением о церкви и еврейском народе, которое также является единственно точным? Только Писание, так удивительно и сверхъестественно хранимое на протяжении тысячелетий, дает нам истинное понимание об Иисусе и церкви с Божьей позиции. В конце концов важно, чтобы все имели познание об Иисусе и Его Церкви, сформированное Его Словом, а не историей или многовековой церковной культурой. Вот что говорит Божье слово:

Основание слова Твоего истинно, и вечен всякий суд правды Твоей.
(Псалтирь 118:160)

ГЛАВА 11

А СЛЫШАЛ ЛИ АВРААМ ЕВАНГЕЛИЕ?

> *В Писании было предсказано, что Бог будет оправдывать людей из всех народов по их вере, и уже тогда была возвещена Радостная Весть, когда было сказано Аврааму: «Через тебя получат благословение все народы». Поэтому те, кто верит, получают благословение вместе с верующим Авраамом.*
> (Галатам 3:8-9, НРП)

Еврейский народ знает, что их отец – Авраам, а также то, что Бог обещал дать его потомкам землю Ханаанскую, которая сейчас известна как Израиль. По всей видимости, большинство христиан считают Авраама отцом веры, поскольку он поверил Богу, несмотря на невероятные трудности. Бог пообещал Аврааму, что его потомков будет больше, чем звезд на небе; и он поверил Богу.

> *И было слово Господа к нему, и сказано: не будет он твоим наследником, но тот, кто произойдет из чресл твоих, будет твоим наследником. И вывел его вон и сказал: посмотри на небо и сосчитай звезды, если ты можешь счесть их. И сказал ему: столько будет у тебя потомков. Аврам поверил Господу, и Он вменил ему это в праведность.*
> (Бытие 15:4-6)

Почему Богу так понравилась вера Авраама? Аврааму было достаточно уже того, что Сам Бог дал ему это обещание, и потому он просто поверил. Когда Бог впервые пообещал сделать Авраама отцом великого народа, тому было 75 лет, а Сарре – около 65 лет, поскольку она моложе своего мужа на десять лет. Думаю, вы согласитесь, что они были намного старше всех наших знакомых, как бы поздно не стали они родителями впервые. В США 65 лет считается нормальным пенсионным возрастом, и у большинства людей в таком возрасте уже есть внуки. Тем не менее, только спустя 25 лет, когда Аврааму было уже около 100, а Сарре – 90, она в конце концов зачала и родила Исаака. Сегодня, если человек доживает до 100 лет, о нем пишут все газеты и к нему едут брать интервью, чтобы узнать секрет такой долгой и здоровой жизни. Представьте, какие были бы заголовки во всех сегодняшних таблоидах, если бы у 100-летнего мужчины и его 90-летней жены родился ребенок? И это не выдумка – все это уже произошло на самом деле. Тот факт, что еврейская нация существует и процветает сегодня, говорит и свидетельствует сам за себя.

АВРААМОВ ЗАВЕТ

Как я уже упоминал, когда евреи думают о наследии, оставленном нам Авраамом, обычно им на ум приходят мысли о земле Израиля. Мы также размышляем о вере в единого истинного Бога и об Авраамовом завете, который включает в себя обрезание каждого ребенка-еврея мужского пола на 8-й день после рождения. Этот завет является знаком, или печатью завета, который Бог заключил с Авраамом. Кстати, в этот завет также входит земля Израиля, обещанная потомкам Авраама, то есть еврейскому народу. Обрезание еврейского мальчика на восьмой день каждый раз служит напоминанием того, что его Бог – это Бог Авраама и что земля Израиля обещана ему и его потомкам. Каждый родитель-еврей должен говорить об этом своим детям.

И сказал Бог Аврааму: ты же соблюди завет Мой, ты и потомки твои после тебя в роды их. Сей есть завет Мой,

который вы должны соблюдать между Мною и между вами и между потомками твоими после тебя: да будет у вас обрезан весь мужеский пол; обрезывайте крайнюю плоть вашу: и сие будет знамением завета между Мною и вами.
(Бытие 17:9-11)

Мы видим, насколько ясны и конкретны обетования этого завета с Авраамом. Они однозначны и не могут быть опровергнуты или опротестованы. Вот почему народ Израиля сегодня подвергается такой сильной атаке, будь то война или пропаганда в социальных сетях. В конечном счете это является нападением на Слово Божье. Такие атаки, подпитываемые средствами массовой информации и телевизионными сетями, потерпят крах, потому что Божье слово не может подвести. Вот что сказал Бог Аврааму:

…и поставлю завет Мой между Мною и тобою и между потомками твоими после тебя в роды их, завет вечный в том, что Я буду Богом твоим и потомков твоих после тебя; и дам тебе и потомкам твоим после тебя землю, по которой ты странствуешь, всю землю Ханаанскую, во владение вечное; и буду им Богом.
(Бытие 17:7-8)

Завет обрезания – это знак или печать, напоминающая нам, что Бог Авраама всегда будет нашим Богом и что территория, обещанная Аврааму, будет нашим владением, пока существует эта планета Земля.

ЕВАНГЕЛИЕ БЫЛО ПРОПОВЕДАНО АВРААМУ

В наследии Авраама есть один аспект, который еврейский народ обычно не принимает во внимание. Я, выросший в иудейской вере, даже никогда не задумывался о нем. Тем не менее в посланиях апостола Павла говорится об этом аспекте жизни

Авраама. Павел был самым сведущим в Писании евреем своего времени. Он преследовал еврейских учеников Иисуса, пока сам не встретился с Ним как с Обетованным Мессией Израиля. Павел пишет верующим галатам, говоря об Аврааме следующее:

> *В Писании было предсказано, что Бог будет оправдывать людей из всех народов по их вере, и уже тогда была возвещена Радостная Весть, когда было сказано Аврааму: «Через тебя получат благословение все народы». Поэтому те, кто верит, получают благословение вместе с верующим Авраамом.*
> (Галатам 3:8-9, НРП)

Павел сказал, что Аврааму было проповедано Евангелие! Теперь вы можете возразить: ведь в то время Иисуса еще не было на земле, так как же Евангелие могло быть проповедано Аврааму? Но обратите внимание на написанные слова: Радостная Весть была проповедана ему «заранее». Иначе говоря, Радостная Весть была проповедана ему еще до ее возникновения. Важно отметить, что для подтверждения истины Павел цитирует еврейскую Библию, а именно Тору. Он цитирует 12-ю главу Бытия, где Бог говорит с Авраамом, обещая сделать его благословением для всех народов:

> *И сказал Господь Авраму: пойди из земли твоей, от родства твоего и из дома отца твоего в землю, которую Я укажу тебе; и Я произведу от тебя великий народ, и благословлю тебя, и возвеличу имя твое, и будешь ты в благословение; Я благословлю благословляющих тебя, и злословящих тебя прокляну; и благословятся в тебе все племена земные.*
> (Бытие 12:1-3)

НАРОДЫ БЛАГОСЛОВЯТСЯ ЧЕРЕЗ СЕМЯ АВРААМА

Обратите внимание, что Бог обещал произвести через Авраама великий народ, что уже исполнилось в народе Израиля. Затем Он добавляет к этому обещанию: «…и благословятся в тебе все племена земные» (Бытие 12:3). Так как же все народы земли могли быть благословлены через Авраама, отца еврейского народа? Ответ прост и ясен, и он находится в Писании. Мы видим, что через семя Авраама благословится весь мир, а не только еврейский народ. Что же такое «семя Авраама», и как оно может быть благословением для всех народов на земле?

Авраам был готов на горе принести в жертву Исаака, своего единственного наследника и сына обетования. Мы знаем, что Бог испытывал его и не позволил ему сделать это, дав ему ягненка. Богу так понравилось послушание Авраама, что Он пообещал благословить все народы земли через его семя. В Торе записано:

> *…и благословятся в семени твоем все народы земли за то, что ты послушался гласа Моего.*
> (Бытие 22:18)

Павел в своем Послании к Галатам цитирует этот стих из еврейского Писания. Важно отметить, что Бог сказал Аврааму: «…благословятся в семени твоем все народы земли». Он употребил слово «семя» в единственном числе, а не «семена» во множественном. Писание всегда говорит очень конкретно, и потому каждое его слово важно. В данном случае семя принадлежит одному конкретному еврею, который станет благословением для всех народов, а не только для еврейского. Иисус из Назарета и является тем конкретным семенем, о котором говорил Бог. Если вы посмотрите на родословную человеческого происхождения Иисуса, то увидите, что Он – прямой потомок Авраама, и это обещание было исполнено через Него. Родословную в Евангелии от Матфея взяли из храмовых записей, где она прекрасно сохранились к тому времени. Это было большим благословением, поскольку римляне уничтожили почти все записи, разрушив

Храм в 70-м году нашей эры. Записи начинаются с Авраама как точки отсчета, чтобы доказать, что Иешуа (Иисус) является его семенем и, таким образом, это пророчество исполняется в буквальном смысле:

Родословие Иисуса Христа, сына Давида, сына Авраама: Авраам был отцом Исаака, Исаак – отцом Иакова, Иаков – отцом Иуды и его братьев…
(Матфея 1:1-2, НРП)

Эта родословная заканчивается такими словами:

…Иаков – отцом Иосифа, мужа Марии, которая и родила Иисуса, называемого Христом. Всего от Авраама до Давида было четырнадцать поколений, от Давида до переселения в Вавилон – тоже четырнадцать и четырнадцать поколений от переселения в Вавилон до Христа.
(Матфея 1:16-17, НРП)

ИИСУС – ЭТО СЕМЯ АВРААМА

Эта родословная является такой подробной и взята непосредственно из безукоризненно сохранившихся храмовых записей тех времен для того, чтобы еврейский народ мог проследить и отчетливо увидеть, как Мессия исполнил каждое пророчество из Ветхого Завета. Неимоверно поражает тот факт, что, несмотря на доказательность родословных храмовых записей и исполнение каждого конкретного пророчества об Иисусе, евреи все еще не могут признать очевидного: Он и есть Мессия. В этих скрупулезных деталях ничто не было оставлено на волю случая. Если вы проследите родословную, то увидите, что она начинается с Авраама и заканчивается Иисусом Мессией. Следовательно, мы имеем убедительное доказательство: Иисус, в соответствии с Его человеческим происхождением, является прямым семенем Авраама. Теперь мы возвратимся к нашему первоначальному вопросу и теме главы: каким образом Евангелие было проповедано Аврааму за тысячи лет до рождения Иисуса на этой земле?

Бог заранее показал Аврааму, что произойдет в дальнейшем. Как мы читали в Бытии 12:3, Он показал ему, что тот не только будет отцом евреев и сделает Израиль великим народом, но также станет благословением для всех народов земли. Каким же образом он стал благословением для всех народов земли? Здесь идет речь обо всех языческих народах, а не только о евреях. Авраам стал благословением для всех народов на земле, потому что посредством его семени в этот мир пришел Иисус из Назарета. Благодаря Иисусу для каждого члена каждой семьи из всякого народа на этой земле открылась дверь для получения прощения своих грехов и личного познания Бога. Как для еврея, так и для язычника нет большего благословения, чем возможность познать Бога. Проповедуя своим еврейским братьям и цитируя Божье обетование Аврааму из Бытия 12:3, Петр говорит следующее:

> *Вы сыны пророков и завета, который завещал Бог отцам вашим, говоря Аврааму: „И в семени твоем благословятся все племена земные". Бог, воскресив Сына Своего Иисуса, к вам первым послал Его благословить вас, отвращая каждого от злых дел ваших.*
> (Деяния 3:25-26, РСП, Юбилейное издание)

Независимо от того, еврей вы или язычник, я завершаю эту главу вызовом. Бог уже открыл дверь для каждого народа и человека, чтобы они получили благословение посредством семени Авраама. Это благословение приходит через Евангелие, которое проповедуется на земле уже около 2000 лет. Однако это благословение можно получить только по нашей собственной воле. Бог никогда не навязывает нам его – мы должны хотеть этого лично. Будешь ли ты иметь это благословение, отвернувшись от своих грехов и получив вечную жизнь через Иисуса, т. е. обещанное семя Авраама? Я не могу себе представить, чтобы кто-то захотел отказаться от благословения покаяния, ведущего к вечной жизни через Иисуса. Сегодня – день спасения. Как сказано в Писании:

…ныне, когда услышите глас Его, не ожесточите сердец ваших, как во время ропота.
(Евреям 3:15)

В стихе выше мы видим призыв к еврейским последователям Иисуса не возвращаться к мертвой религии, которая не могла их спасти. Этот призыв является напоминанием и просьбой не отвергать величайшее и единственное истинное спасение, когда-либо предложенное Израилю. Призыв этого стиха касается не только еврейского народа, но и всех народов земли. Согласитесь и примите это спасение сегодня. Попросите Бога Израиля простить вам ваши грехи через жертву Иисуса на кресте. Он услышит вас, придет и будет жить с вами всегда. Он никогда не оставит и не покинет вас! Помолитесь этой молитвой:

Бог Авраама, я исповедую, что согрешил против Тебя. Я каюсь в своих грехах и обращаюсь к Иисусу за прощением. Я верю, что Ты умер за меня на кресте и воскрес из мертвых на третий день. Войди в мою жизнь и в мое сердце. Забери мое каменное сердце и дай вместо него сердце из плоти. Я отдаю себя Тебе. Веди меня по Своей воле. Во имя Иисуса. Аминь.

ГЛАВА 12

БОГ ИЗРАИЛЕВ

*Люди удивлялись и славили Бога Израиля,
когда видели немых говорящими, калек здоровыми,
хромых ходящими и слепых зрячими.*
(Матфея 15:31, НРП)

Интересно отметить, что Иисус начал служить народу исцелением вскоре после того, как освободил одержимую демоном дочь хананеянки. Хананеянка была из галилейского региона, который в те дни также был известен как «Галилея языческая». Поэтому можно с уверенностью предположить, что этот «народ» в Галилее, где служил Иисус, представлял собой определенную смесь евреев и язычников. Прямо на побережье Галилейского моря располагался еврейский город Капернаум, а поблизости находились Хоразин и Вифсаида, тоже преимущественно еврейские города. Таким образом, все это скопление людей имело привилегию воочию увидеть и ощутить на себе силу служения Иисуса, и, согласно стиху выше, они стали свидетелями многих исцелений и чудес. Я хочу остановиться на том, как народ реагировал на них, потому что этот момент имеет огромное значение и не может быть упущен из виду. Сказано: «…и прославлял Бога Израилева» (Матфея 15:31). Таким образом, все они – как иудейский, так и языческий народ, – «прославляли Бога Израилева», несмотря на то, что последние активно практиковали поклонение различным греческим и римским богам и богиням. Поблизости находились города Десятиградия, или десять римских городов, полных идолопоклоннических храмов, где поклонялись Зевсу, Аполлосу, Юпитеру, богине Диане и целому сонму других языческих богов и богинь. Тем не менее, когда Иисус исцелил всех их больных и они увидели «...немых говорящими, калек здоровыми, хромых ходящими и слепых зрячими» (Матфея 15:31, НРП), то незамедлительно отреагировали: прославили Бога Израилева. Никому даже на мгновение не пришло в голову прославить кого-то из языческих богов или идолов, потому что все они признали, что только один истинный Бог Израиля мог сотворить эти чудеса и знамения. Сам по себе этот факт крайне важен, но не менее важно отметить, что эти чудеса были совершены руками еврея, которого многие называли «сыном Давидовым», включая хананеянку, чью дочь Он только что исцелил.

Хананеи были заклятыми врагами евреев, и все же она назвала Его «сыном Давида», что было исключительно еврейским мессианским термином. Поразительно, но она не только признала в Нем еврея, но также использовала мессианскую фразу, определяющую Его как «сына Давидова», – эти слова обычно употребляли только евреи, понимающие Писание. Хананеянка сказала: «...помилуй меня, Господи, сын Давидов, дочь моя жестоко беснуется» (Матфея 15:22). Во-первых, факт признания еврейского происхождения Иисуса, Который является прямым потомком царя Давида, а, во-вторых, факт прославления народом единого истинного Бога Израилева в ответ на чудеса сегодня имеют большое значение как для еврейского народа, так и для церкви.

НОВЫЙ ЗАВЕТ ПРИЗНАЕТ БОГА КАК БОГА ИЗРАИЛЯ

Почему это так важно для нас сегодня? Дело в том, что в большинстве христианских теологий и проповедей – в наше время и на протяжении веков – признание Бога Израиля было очень большой редкостью. Преднамеренно это или нет, но в большей части церковного мира столетиями существовал огромный «разрыв» между Богом Израиля, т. е. Богом еврейского народа, и церковью. Как это возможно, если есть только один Бог? Истинные христиане, как и еврейский народ, признают, что есть только один истинный Бог. Тем не менее с кафедр христианских церквей упоминают Бога Израиля крайне редко, и еще реже говорят о Нем как о Боге Авраама, Боге Исаака и Боге Иакова, что является Его полным титулом. Почему же так происходит, если есть только один Бог и только Его имя – навеки? С одной стороны, на нас нет вины за попытки «иудаизировать» всех христиан из язычников, поскольку они не евреи и не должны стремиться быть ими. Но, с другой стороны, порой кажется, что существует систематическая и постоянная попытка «оязычить» церковь, игнорируя тот факт, что Бог Израиля и Бог Церкви – это один и тот же Бог. Я даже не имею в виду признание или соблюдение библейских праздников, которые отмечает еврейский народ. Вдобавок я не считаю, что язычники обязаны соблюдать эти праздники.

Перестав называть Бога Церкви Богом Израиля, мы уклоняемся в другую крайность. На протяжении столетий антисемитизм в церкви мог бы никогда и не проявляться, если бы не колоссальная ошибка, совершенная в III веке. Всякий умный христианин, который следует Библии, вряд ли поверит в то, что существуют целые христианские деноминации, которые бойкотируют землю Израиля и по политическим причинам поддерживают изъятие капиталовложений. Эти так называемые «христиане» не осознают, что бойкотируют братьев и сестер Иисуса, в Которого, по их утверждениям, они верят. Нам удалось так далеко уйти от Писания только по причине общецерковного разногласия относительно Бога Израиля и, следовательно, еврейского народа. Бог избрал навечно, чтобы Его имя было связано с первыми тремя евреями в истории. Он так задумал, чтобы только одна нация из почти 195 стран была названа непосредственно в Его честь. Эта нация называется Израиль (по имени Иакова, который позже получил имя Израиль), и это родина еврейского народа. Тем не менее существуют христиане и конфессии, которые выступают против него и пытаются наложить санкции на эту страну. Подобные ситуации не должны иметь место. Такие поступки лишь доказывают, что многие представители христианской церкви оставили не только свои еврейские, но и свои библейские корни на фундаментальном уровне.

Джеффри Коэн

НАВСЕГДА БОГ АВРААМА, БОГ ИСААКА И БОГ ИАКОВА

Интересно отметить тот факт, как мало христианских проповедников называют Бога Богом Авраама, Богом Исаака и Богом Иакова, однако Иисус упоминает этот титул Бога, цитируя Писание саддукеям. Те пытались поймать Его в Его словах, чтобы, так сказать, сбить с толку. Потому они задали Ему довольно странный вопрос о семи братьях, которые умерли один за другим, не будучи в состоянии произвести потомство для жены первого брата. Следовательно, на ней был женат каждый из семи, пока, наконец, не умер последний, так и не оставив потомства (Матфея 22:24-7). В конце концов умерла и она. Саддукеи спросили Иисуса: «...итак, в воскресении, которого из семи будет она женою? ибо все имели ее» (Матфея 22:28). Это была весьма замысловатая история, придуманная ими, чтобы обманом заставить Иисуса поддержать их доктрину о том, что воскресения не существует. Как всегда, Иисус ответил мудро. Он заявил, что они не знают ни Писаний, ни силы Божией, «...ибо в воскресении ни женятся, ни выходят замуж, но пребывают, как Ангелы Божии на небесах» (Матфея 22:30). Затем Он цитирует им отрывок из Исхода, когда Бог явился Моисею. Давайте рассмотрим эту встречу Моисея с Богом, которую привел Иисус в качестве доказательства Своей мысли. Чтобы у Моисея не осталось никаких сомнений относительно личности Бога, Бог использовал Свой собственный титул, который лично выбрал для описания Себя. Он говорит: «Я Бог отца твоего, Бог Авраама, Бог Исаака и Бог Иакова» (Исход 3:6). Затем Бог продолжает говорить с Моисеем из горящего куста, давая ему инструкции касательно того, как выполнить Его поручение – вывести детей Израиля из египетского рабства (Исход 3:6-14).

Далее Бог повторяет Свою мысль для Моисея еще раз – на случай, если тот забыл Его титул: «Еще Бог сказал Моисею: – Скажи израильтянам: "Господь, Бог ваших отцов – Бог Авраама, Бог Исаака и Бог Иакова, послал меня к вам. Вот Мое имя навеки. Так Меня будут называть из поколения в поколение"»

(Исход 3:15, НРП). Если Бог говорит что-либо только один раз, эти слова имеют огромное значение. Если же Он для акцентирования внимания повторяет одно и то же дважды или больше, то нам нужно быть еще внимательнее. Бог сообщает Моисею и детям Израиля, что Он всегда будет Богом Авраама, Богом Исаака и Богом Иакова. Почему это одинаково важно как для живущих в Новом Завете, так и для тех, кто жил в Ветхом? Когда Бог говорит, что это Его титул навеки, Он действительно подразумевает именно это. Определение слова «навсегда» в онлайн-словаре *Dictionary.com* звучит так: «бесконечно; вечно». Итак, Бог навсегда и навеки решил отождествить Себя с первыми тремя евреями, которые когда-либо существовали. Это удивительно само по себе и свидетельствует о невероятном смирении, поскольку Бог решил навсегда отождествить Себя с тремя мужчинами, которые, как и другие люди, часто ошибаются. Не случайно эти трое являются первыми тремя евреями. Итак, Бог решил на всю вечность идентифицировать Себя как Бога еврейского народа, и этот факт неизменен. Мы видим, что Сам Иисус называет Бога Отца Богом Авраама, Богом Исаака и Богом Иакова. Тот же самый Бог Авраама, Бог Исаака и Бог Иакова есть Бог Отец, Который послал Своего единственного Сына Иисуса в мир, чтобы Он умер за наши грехи. Мы видим, что Петр, один из первых и самых известных еврейских апостолов Иисуса, в Новом Завете тоже называет Бога Богом Авраама, Исаака и Иакова. Он действительно использует этот титул для обозначения Бога, когда проповедует Евангелие лидерам Израиля. Исцелив во имя Иисуса хромого и приведя этим в изумление всех людей возле Храма, он начинает свое обращение к людям так:

> *…мужи Израильские! что дивитесь сему, или что смотрите на нас, как будто бы мы своею силою или благочестием сделали то, что он ходит?*
> *Бог Авраама и Исаака и Иакова, Бог отцов наших, прославил Сына Своего Иисуса…*
> (Деяния 3:12-13)

Обращаясь к своим еврейским братьям в Иерусалиме, Петр утверждает, что именно Бог Авраама, Исаака и Иакова послал Иисуса в мир.

Иисус называл Бога Отца Богом Авраама, Исаака и Иакова; подобным образом поступает и апостол Петр. Так обычно говорили о Боге верующие I века. Итак, мы видим, что книги Нового Завета учат нас, что Бог Авраама, Исаака и Иакова есть единственный истинный Бог, как это уже установлено Ветхим Заветом. Вот почему, когда еврей отдает свое сердце и жизнь Иисусу, своему Мессии, он вовсе не оставляет своей веры или своих еврейских корней, как опасаются многие. Вместо этого они возвращаются к своему Богу – Богу Авраама, Богу Исаака и Богу Иакова. И примириться с Ним можно только через кровь Его драгоценного единородного Сына, Которого мы знаем как Иисуса на русском языке, а на иврите – как Иешуа, что означает Спасение. Мы все – как евреи, так и язычники, – имеем одинаковый доступ к единому истинному Богу через искупительную кровь Иисуса, потому что Бог нелицеприятен.

НОВЫЙ ЗАВЕТ ИЛИ ВЕТХИЙ ЗАВЕТ?

Несколько лет назад в Бельгии я имел честь быть приглашенным в дом известной еврейской семьи на субботний обед. Там присутствовал раввин, основатель местной синагоги, а также недавно назначенный младший раввин. Поскольку мы сидели за довольно большим деревянным столом, нам всем была предоставлена возможность презентовать себя в течение пяти минут, рассказав, кто мы такие и почему мы здесь. Когда подошла моя очередь, я объяснил, что я – мессианский еврей из Америки, писатель и нахожусь здесь по частному приглашению. Далее я объяснил, что мессианский еврей – это еврей, который верит, что Иисус является обетованным Мессией нашего народа. Затем я подчеркнул, что я никоим образом не перестал быть евреем, но, благодаря Иешуа, фактически вернулся к Богу моих отцов. Я сказал, что мое следование за Иешуа привело к тому, что я стал еще выше ценить свои истинные еврейские корни и с большей любовью отношусь к Израилю и моему народу. Все слушали вежливо и внимательно, а затем одна еврейка, сидевшая через несколько людей слева от меня, сделала интересное заявление. Она сказала:

– У меня есть подруга, которая является католичкой и регулярно посещает свою церковь. Ее священник говорит, что он читает только Новый Завет и следует ему, но никогда не читает Ветхий Завет.

Я задумался над этим заявлением на несколько мгновений, а затем ответил так:

– Пожалуйста, попросите свою подругу передать священнику следующее: каждый раз, читая Новый Завет, он будет встречать на каждой странице цитаты из книг Ветхого Завета и ссылки на Ветхий Завет. Если он решит не читать эти отрывки из Ветхого Завета или удалить их из своего Нового Завета, то практически нечего будет читать.

Судя по ее реакции, я понял, что она была несколько удивлена и даже шокирована моими словами. Вероятно, она, как и большинство евреев, верила, что Новый Завет был «самостоятельной» книгой, полностью отделенной от Ветхого Завета. Безусловно, я дал ей «пищу для размышлений» и мотивировал ее самостоятельно прочитать Новый Завет, дабы убедиться, что все, сказанное мной, было правдой. Обычно мы размышляем о Ветхом Завете как о книге от Бытия до Малахии, а о Новом Завете – как о книге, начинающейся с Евангелия от Матфея и заканчивающейся книгой Откровения. Однако в действительности Ветхий Завет полон пророчеств, описывающих Новый Завет, а Новый Завет объясняет, что все написанное является исполнением пророчеств Ветхого Завета. Таким образом, это одна полноценная книга, в которой есть как радостное ожидание Нового Завета, так и исполнившиеся обетования и пророчества Ветхого Завета. Вот почему невозможно полностью понять, что такое Новый Завет, не прочитав, что о нем говорят ветхозаветные пророки. Если мы будем читать только книги Нового Завета, не обращаясь к Ветхому, то останемся с неполным пониманием евангельской вести.

НОВОЗАВЕТНОЕ ПОСЛАНИЕ В ВЕТХОМ ЗАВЕТЕ

К сожалению, с христианских кафедр редко звучит описание Нового Завета еврейским пророком Иезекиилем, и потому многие верующие даже не знают о нем. Вот что там сказано:

> *И окроплю вас чистою водою, и вы очиститесь от*
> *всех скверн ваших, и от всех идолов ваших очищу вас.*
> *И дам вам сердце новое, и дух новый дам вам;*
> *и возьму из плоти вашей сердце каменное,*
> *и дам вам сердце плотяное.*
> *Вложу внутрь вас дух Мой и сделаю то,*
> *что вы будете ходить в заповедях Моих*
> *и уставы Мои будете соблюдать и выполнять.*
> (Иезекииль 36:25-27)

Иезекииль описывает полностью измененные жизнь и сердце. Он говорит о человеке, у которого было «каменное сердце», а теперь оно – «плотяное». Каменное сердце – это сердце с очерствевшей совестью. Оно нечувствительно к Божьим проявлениям или к Слову Божьему. Каменное сердце – это эгоистичное сердце, которому нет дела до того, что думает другой человек или что думает Бог. Однако в Новом Завете Бог совершает своего рода чудесную духовную операцию: Он вынимает холодное и твердое каменное сердце и заменяет его сердцем из плоти, которое и есть Его сердце. Поскольку многие христианские проповедники боятся проповедовать из Ветхого Завета, они проповедуют небиблейское или неполное евангелие, которое не может изменить жизнь или человеческое сердце. Сегодня многие учат, что благодать не смотрит на наши дела, и – поскольку мы спасены благодатью, а не делами, – нет нужды смотреть на образ жизни или действия человека, чтобы понять, спасен он или нет. Ветхозаветное описание Нового Завета учит обратному. Оно учит, что если кто-то получил истинное спасение через Иисуса, то он будет совершенно другим человеком с полностью измененными жизнью и сердцем. Если сердце человека не превратилось из каменного в сердце из плоти – а это изменение можно заметить воочию, – тогда следует задаться вопросом, пережил ли он спасение. Иисус подтверждает эту же истину, говоря:

> *Или признайте дерево хорошим и плод его хорошим,*
> *или признайте дерево плохим и плод его плохим,*
> *ведь дерево узнается по его плодам.*
> *Вы, змеиное отродье, как вы можете*
> *говорить доброе, если вы злы?*
> *Ведь что у человека на сердце, то и на языке.*
> *Из хранилища добра добрый человек выносит доброе,*
> *а злой человек выносит злое из хранилища зла.*
> (Матфея 12:33-35, НРП)

Интересно отметить, что в этом случае Иисус говорит о мериле того, действительно ли человек пережил истинное спасение или нет. Он ясно говорит, что если у вас злое сердце, то оно приносит скверные плоды, а если у вас доброе сердце, то оно должно приносить добрые плоды. Это самое доступное для понимания описание. Иисус говорит, что если у вас доброе сердце (имеется в виду новое сердце из плоти), то вы будете приносить добрые плоды. Однако если мы имеем злое сердце (сердце из камня), то будем приносить плохие плоды. Обратите внимание, что, описывая хорошего человека, Иисус утверждает: «Из хранилища добра добрый человек выносит доброе…» (Матфея 12:35). Затем, описывая злого, Он продолжает: «…а злой человек выносит злое из хранилища зла» (Матфея 25:35, НРП). Мы ясно видим, что переживание истинного спасения напрямую зависит от преобразования каменного сердца в сердце из плоти. Давайте рассмотрим другой перевод того же стиха:

Джеффри Коэн

*Хорошие люди производят доброе из своих сердец,
а злые люди производят зло из своих сердец.*
(Матфея 12:35, дословный перевод английской версии
Contemporary English Version)

Почему многие учат, что, поскольку мы спасены по благодати, нам не следует искать доказательства спасения в жизни человека? Мы перестали делиться истинами Священного Писания в полном объеме и учим только маленьким кусочкам истины. Этот маленький кусочек истины, взятый здесь и там, не может изменить жизнь или сердце – нам нужно ухватиться за полноту Евангелия, используя книги как Ветхого, так и Нового Завета, чтобы понять всю их силу и влияние на нашу жизнь. Просто невозможно пережить преобразование каменного сердца в сердце из плоти так, чтобы окружающие этого не заметили. Поэтому подобный взгляд на христианство и переживание истинного спасения просто нелеп и крайне нелогичен.

Дар нового сердца из плоти вместо старого каменного нужно ценить и лелеять молитвой и углублением в Слово Божье. Новое сердце нуждается в постоянном внимании и обновлении, чтобы оно могло расти и достигать зрелости. Я помню, как увидел вывеску возле автосервиса, на которой было написано: «Некоторые люди никогда не меняют». Разумеется, это было сказано о тех, кто в своих машинах никогда не меняет старое грязное масло на новое и свежее. Мы получили новое сердце от Иисуса, однако нам нужно поддерживать это новое сердце в чистоте, регулярно меняя в нем масло. Нам нужно всегда наполнять это сердце Святым Духом и никогда не позволять ему быть оскверненным или наполненным вещами этого мира и заботами этой жизни. Мы должны регулярно и тщательно «обслуживать» свое новое сердце. Соломон говорит в Притчах о важности сохранения доброго сердца: «Больше всего хранимого храни сердце твое, потому что из него источники жизни» (Притчи 4:23). В дословном переводе английской версии *God's Word* мы читаем: «Охраняй свое сердце больше, чем что-либо другое, потому что источник твоей жизни течет из него» (Притчи 4:23).

Только Иисус, заключив с нами новый завет, может вынуть ветхое каменное сердце, дать нам новое сердце из плоти и научить нас ходить по Его законам и путям. Как может кто-либо, еврей или язычник, игнорировать или отвергать такое великое спасение? Один из еврейских авторов Нового Завета говорит так: «...ныне, когда услышите глас Его, не ожесточите сердец ваших...» (Евреям 3:7-8). Воспользуйтесь этой возможностью, чтобы по-настоящему принять новый завет с Богом, а также попросить Его забрать ваше старое каменное сердце и дать вам новое – из плоти! Он верен и силен сделать это.

ГЛАВА 13

СПИНОЙ ИЛИ ЛИЦОМ?

Они повернулись ко Мне спиной, а не лицом;
Я наставлял их снова и снова, но они не слушали и
не принимали наставлений.
(Иеремия 32:33, НРП)

Каждый раз, приближаясь к Западной Стене в Иерусалиме, я переживаю особенное прикосновение Божье. Это последняя оставшаяся внешняя, или подпорная, стена, которая окружала и защищала Второй храм до того, как он был разрушен в 70 г. н. э. Стена была возведена царем Иродом, и до сих пор, даже спустя более 2000 лет, она поражает своей конструкцией и размером камней. Каждый раз меня очень впечатляет созерцание того, как ортодоксальный еврей, обычно со своим младшим сыном, покидает Стену, завершив молитву. Как правило, еврей пятится назад, оставаясь лицом к огромным сохранившимся камням Стены. Если он действительно является евреем, соблюдающим предписания, то он очень медленно, шаг за шагом, возвращается назад, а его сын следует за ним. Соблюдающие предписания еврейские женщины делают то же самое по свою сторону Стены. Причина кроется в том, что Стена обращена в сторону Храма, в частности туда, где когда-то стояло Святое Святых. Поэтому никогда не поворачиваться спиной к Стене – это символ того, что вы никогда не поворачиваетесь спиной к присутствию Бога и всегда воздаете Ему благоговение, достойное Его Имени. Я не знаю точно, когда такая практика началась или зародилась, но Бог использовал этот символизм и образы, говоря с Израилем через пророка Иеремию. Сердце просто разрывается и наполняется печалью при мысли о том, что народ Божий повернулся к Богу спиной, вместо того чтобы повернуться к Нему лицом.

В свете того, что я только что сказал, давайте еще раз посмотрим на этот стих и постараемся ощутить боль в сердце Бога: «Они повернулись ко Мне спиной, а не лицом; Я наставлял их снова и снова, но они не слушали и не принимали наставлений» (Иеремия 32:33, НРП). Вы думаете, Бог холоден или жесток, когда говорит такие слова о Своем народе Израиле? Все с точностью до наоборот. Бог говорит это от горя и разбитого сердца из-за Своего народа, который Его отверг. Можете ли вы представить себе отца, имеющего сына, которого он очень любит и которому дал все, что мог дать любящий отец? Он ничего не утаил, наставив его на путях Господних в атмосфере любви и заботы. Почему сын поворачивается к нему спиной и едва признает, что тот вообще существует? Израиль назван первенцем Божьим, то есть первородным сыном, который посвящен Господу. Писание подтверждает это. Посмотрите, какими словами было велено Моисею обратиться к фараону, чтобы тот отпустил еврейский народ: «И скажи фараону: так говорит Господь: Израиль *есть* сын Мой, первенец Мой; Я говорю тебе: отпусти сына Моего, чтобы он совершил Мне служение; а если не отпустишь его, то вот, Я убью сына твоего, первенца твоего» (Исход 4:22-23).

На протяжении веков Израиль как нация отворачивался от своего Отца, Который любит Свой народ, и это разбивало сердце Бога. Вот почему производится такой суровый суд над теми, кто пытается уничтожить Израиль. Дело в том, что они идут против первородного сына Божьего. Конечно же, они столкнутся с Его гневом и судом, если коснутся первенца Божьего – зеницы Его ока. Мы снова видим Божью любовь к Израилю, когда Бог провозглашает суд над всеми теми, кто грабит Израиль, даже если тот отвернулся от Него: «Ибо так говорит Господь Саваоф: для славы Он послал Меня к народам, грабившим вас, ибо касающийся вас касается зеницы ока Его» (Захария 2:8). Все это и многое другое Бог сделал для Израиля, и тем не менее, как нация, они по-прежнему обращены к Нему спиной, а не лицом. Как Он жаждет, чтобы они снова обратились к Нему лицом, а не спиной!

ИИСУС – ЛИЦО БОЖЬЕ

Я перейду непосредственно к сути этой главы. Иисус – это лицо Бога, явленное Израилю и миру. Когда ученики попросили Иисуса показать им Отца, Он совершенно однозначно сказал, что всякий, кто видел Его, уже видел Отца. Иисус сказал Своим ученикам: «А куда Я иду, вы знаете, и путь знаете» (Иоанна 14:4). Тогда Фома сказал Ему: «Господи! не знаем, куда идешь; и как можем знать путь?» (Иоанна 14:5). А вот ответ Иисуса: «Я есть путь, истина и жизнь. Никто не приходит к Отцу, как только через Меня. Если бы вы действительно знали Меня, вы бы знали и Моего Отца. И сейчас вы знаете Его и видели Его» (Иоанна 14:6-7, НРП). Затем Иисус сказал другому ученику, по имени Филипп: «…столько времени Я с вами, и ты не знаешь Меня, Филипп? Видевший Меня видел Отца; как же ты говоришь: «покажи нам Отца»?» (Иоанна 14:9). Прежде всего мы уже установили, что Бог Отец есть Бог Авраама, Бог Исаака и Бог Иакова.

Иисус – это не просто путь к неизвестному месту назначения. Он – путь к Богу Отцу, пославшему Его в мир. Он ясно дает понять Своим ученикам, а значит, и нам, что если мы видели Его, то уже видели Отца. Иисус есть лицо Божье, явленное нам. Он является совершенным отражением Отца. Вот почему Иисус говорит, что Он делает только то, что делает Его Отец, и что Он ничего не делает по Своей собственной инициативе. Иисус разъяснил это, когда сказал иудейским вождям: «Говорю вам истину: Сын ничего не может делать Сам от Себя, пока не увидит Отца делающим. То, что делает Отец, делает и Сын» (Иоанна 5:19, НРП). Итак, мы понимаем, что Иисус является точным отображением Отца, поэтому, видя лицо Иисуса, мы видим лицо Бога. Если мы поворачиваемся спиной к Иисусу, то в действительности отворачиваемся от Бога. Мы показываем Ему свою спину, а не лицо. Это то, что Иеремия в его дни говорил древнему Израилю, и то, что Иисус говорил Израилю, когда находился здесь, на земле. К сожалению, Израиль отверг предупреждения Иеремии, и в результате Иерусалим был взят, Храм разрушен, а народ отправлен в изгнание. Почти 500 лет спустя Иисус произнес в адрес Израиля те же самые слова, но евреи снова отвергли

Его призыв к покаянию. После предупреждения Иеремии был разрушен Первый храм, а после предупреждения Иисуса – Второй храм. Помните, что Иисус – величайший из всех еврейских пророков. Да, Он – это Сын Божий, Спаситель и Сам Мессия, но Он одновременно является и величайшим из всех пророков. Моисей, говоря об Иисусе, называл Его Пророком, но в лучших переводах – всегда с большой буквы «П». Он сказал об Иисусе: «Я воздвигну им Пророка из среды братьев их, такого, как ты, и вложу слова Мои в уста Его, и Он будет говорить им все, что Я повелю Ему» (Второзаконие 18:18). Просто прочитайте Евангелие от Матфея 24, знаменитую «Нагорную проповедь», и вы увидите, сколько Его пророчеств уже сбылось.

ОБРАТИТЕСЬ ЛИЦОМ К БОГУ

Иеремия призвал всех жителей Израиля и города Иерусалим вернуться к Богу, но, как я уже сказал, его слова были проигнорированы, и потому на Иерусалим пришел объявленный суд:

*Со дня его основания до сегодняшнего дня этот город
вызвал у Меня такой гнев и негодование, что Я отвергну
его от Себя. Народ Израиля и Иудеи вызывал Мой гнев
всем злом, которое он делал – они сами,
их цари и вельможи, их священники и пророки,
жители Иудеи и горожане Иерусалима.*
(Иеремия 32:31-32, НРП)

Очень важно отметить, что Иисус не был первым, кого отверг Израиль. Так был отвергнут Моисей, и в свое время был отвергнут каждый из пророков, от Моисея до Иеремии, Исаии и остальных ветхозаветных пророков. Все они призывали нацию отказаться от идолопоклонства и поклонения восточным религиям, а также языческим идолам. Тот факт, что Иисуса отвергли, стал кульминацией, и в этом не было ничего нового. Но отличие состояло в том, что, хотя Иисус и был пророком, Он был больше, чем пророк, – Он был и есть Сам Сын Божий и Мессия. Он был исполнением всех пророчеств больших и малых пророков Израиля. Отвергая Его на национальном уровне, Израиль снова отверг слова всех пророков, которые предсказывали Его приход и то, что Он умрет на кресте для искупления грехов всего народа. Пришло время снова обратиться лицом к Богу и больше не поворачиваться к Нему спиной. Принимая Иисуса как нашего Мессию, мы заявляем Богу, что все пророки говорили правду. Мы раскаиваемся в том, что тысячи лет игнорировали и отвергали их слова и, наконец, возвращаемся к Богу через искупительную кровь нашего Мессии и Царя Израиля. В конце концов пришло время обратить наши лица к Нему, потому что Его сияющий лик обращен к нам. Иисус есть лицо Бога. Независимо от того, еврей вы или язычник, пришло время обратить к Богу свое лицо и принять Его, поскольку Он уже принял нас!

ГЛАВА 14

ВЫ ПРЕДСТАНЕТЕ ПРЕД НИМ

*Теперь, когда все было услышано, вот заключение:
бойся Бога и соблюдай Его повеления, ведь это все,
что важно для человека, потому что Бог приведет каждое
дело на суд, включая и то, что сокрыто,
будь оно хорошим или плохим.*
(Екклесиаст 12:13-14, НРП)

Мы живем в мире, где никто не хочет нести ответственность за свои действия. Каждый человек стремится переложить вину на кого-то другого. Когда пытаешься докопаться до сути проблемы, каким-то таинственным образом каждый человек становится жертвой, а виновного нет. Если вы посмотрите самое начало Писания, то там идет речь о первородном грехе. Ева обвинила змея в том, что тот соблазнил ее плодом, а Адам обвинил Еву в том, что она обманула его и дала ему плод (Бытие 3:11-13). Однако правда в том, что в конце концов никому ничего не сойдет с рук. Мы все должны будем ответить перед Богом за наши действия и за то, что мы сделали с даром жизни, доверенным нам Богом. Царь Соломон, которого считают наиболее вероятным автором Екклесиаста, приходит к такому мудрому выводу: «…бойся Бога и соблюдай Его повеления, ведь это все, что важно для человека, потому что Бог приведет каждое дело на суд, включая и то, что сокрыто, будь оно хорошим или плохим» (Екклесиаст 12:13-14, НРП). Он говорит, что не существует такого понятия, как безответственная жизнь. Есть Бог, Который все видит и знает, и у Него есть четкие и неизменные стандарты добра и зла, по которым Он будет судить всех нас. Бог не сокрыл от нас эти стандарты – они доступны в Его Слове.

Автор послания к еврейским христианам I века говорит вполне недвусмысленно: «И как человекам положено однажды умереть, а потом суд…» (Евреям 9:27). Подобное апостол Павел пишет даже о верующих в Иисуса, стоящих перед судным престолом, или бимой, Мессии. Я помню, как во время своей бар-мицвы я стоял перед огромной деревянной бимой в нашей ортодоксальной синагоге и смотрел на раввина, который наставлял меня. Он выглядел, как великан, рассказывая мне о возросшей ответственности и о том, что теперь я стал мужчиной. Пока он говорил, я вдруг понял, что на самом деле меня не очень воодушевляет этот аспект становления мужчиной. Он объяснил, что теперь я отвечаю перед Богом за все свои действия. Думаю, в глубине души я чувствовал, что хотелось бы в известной мере повернуть время вспять и насладиться беззаботной жизнью немного дольше, не беспокоясь о такой серьезной вещи, как ответственность перед Богом за свою жизнь. В иудаизме принято считать, что, когда еврейский мальчик в возрасте 13 лет совершает бар-мицву, это возраст ответственности. Я верю, что тогда Бог начал готовить меня, молодого 13-летнего еврея, к тому дню, когда я однажды предстану перед высшим Судьей и дам отчет за то, что я сделал в своей жизни на этой земле.

Писание абсолютно ясно говорит о том, что Иисус – Мессия Израиля – был предназначен стать не только Спасителем искупленных, но и Судьей всех людей. Моисей подтвердил это, предсказывая пришествие Иисуса в Израиль: «Будет так, что со всякого, кто не послушает Моих слов, которые Он будет говорить от Моего имени, Я Лично спрошу с такого человека [и будут последствия]» (Второзаконие 18:19, дословный перевод английской версии *Amplified Bible*). Если Бог говорит, что спросит с человека и привлечет к ответственности всякого, кто не слушает Его, то к этому следует относиться очень серьезно. Вот почему мы с моей женой Татьяной посвятили свою жизнь тому, чтобы нести Евангелие нашего Мессии всему Израилю. Это означает донести его до еврейского народа в каждой стране, где он живет. Однако важно помнить, что не только еврейский народ, но и каждый человек на земле однажды должен будет предстать перед Иисусом, чтобы дать отчет за свою жизнь. Иисус говорит об этом так:

> *Ибо Отец и не судит никого, но весь суд отдал Сыну, дабы все чтили Сына, как чтут Отца. Кто не чтит Сына, тот не чтит и Отца, пославшего Его.*
> (Иоанна 5:22-23)

Далее Иисус говорит о роли Его слов:

> *Отвергающий Меня и не принимающий слов Моих имеет судью себе: слово, которое Я говорил, оно будет судить его в последний день.*
> (Иоанна 12:48)

Интересно отметить, что, как мы читаем во Второзаконии 18:19, Иисус, по сути, повторяет сказанное Богом о Нем в Торе, что все люди будут в ответе за то, услышали они слова Иисуса и решили им повиноваться или нет. Понимая это, мы все должны хорошо знать сказанное Иисусом, потому что не только Израиль, но и все человечество будет отвечать перед Богом на основании Его Слова, когда предстанет перед Ним. Мы видим, что эта истина снова подтверждается словами Иисуса: «…небо и земля прейдут, но слова Мои не прейдут» (Матфея 24:35). Итак, мы должны знать, что каждый из нас будет иметь две встречи, которых мы не можем избежать, как бы ни старались. Во-первых, все мы однажды встретимся со своей смертью и умрем. Во-вторых, все мы предстанем перед Иисусом, чтобы дать отчет за нашу жизнь, поскольку Отец назначил Его одного быть Судьей всех людей.

В фильмах мы часто видим, как человеку сходит с рук крупное ограбление или преступление, и, благодаря безупречному планированию, он в конечном итоге уходит на пенсию на необитаемом острове и живет «долго и счастливо», потому что никто никогда не узнает, кто это сделал. Но если бы подобные люди прочитали Священное Писание, они не были бы такими воодушевленными. В Притчах написано: «Богатства, приобретенные нечестным путем, в конце концов исчезнут, но правильные поступки помогут избежать смертельных последствий» (Притчи 10:2, дословный перевод английской версии *VOICE*). Павел сказал об этом так:

Ведь всем нам предстоит явиться на суд Христа, и каждому будет дано по заслугам, за его добрые или злые дела, которые он совершал, находясь в земном теле.
(2 Коринфянам 5:10, НРП)

И СЛОВО СТАЛО ПЛОТЬЮ

Важно отметить, что «всем нам предстоит явиться на суд Христа», а это значит, что никто не сможет стать исключением. Богу известно все, а Иисус есть Слово, ставшее плотью. Писание говорит о Нем следующее:

В начале было Слово, и Слово было у Бога, и Слово было Бог. Оно было в начале у Бога.
(Иоанна 1:1-2)

Далее читаем:

И Слово стало плотию, и обитало с нами, полное благодати и истины; и мы видели славу Его, славу, как Единородного от Отца.
(Иоанна 1:14)

Не заблуждайтесь, Иисус – это Бог, явившийся во плоти, то есть Он был проявлен в человеческом теле. Говоря об этом, теологи употребляют причудливый термин «воплощение». Мы, евреи, веками боролись с этим. Мы всегда говорили, что это богохульство для человека – называть себя Богом, потому что есть только один Бог. Это утверждение верно, но многие претыкаются об него, потому что не понимают Писания. Иисус не человек, утверждающий, что является Богом. Скорее, Он есть предвечный Бог или Слово, ставшее плотью. Он не стал Богом –

Он всегда был Богом. Бог пришел на землю, приняв человеческое обличье. В современном иудаизме говорят, что это невозможно, но еврейский Ветхий Завет, в отличие от иудаизма, учит прямо противоположному. Пророк Исаия описывает Мессию так:

Ибо младенец родился нам – Сын дан нам;
владычество на раменах Его, и нарекут имя Ему:
Чудный, Советник, Бог крепкий, Отец вечности,
Князь мира. Умножению владычества Его и мира
нет предела на престоле Давида и в царстве его,
чтобы Ему утвердить его и укрепить его
судом и правдою отныне и до века.
Ревность Господа Саваофа соделает это.
(Исаия 9:6-7)

Обратите внимание, что в древнееврейском оригинале говорится, что у этого родившегося Младенца и Сына много титулов. Один из Его титулов – «Бог крепкий», а другой – «Отец вечности». Мне больше нечего сказать. Ни один простой человек не может быть назван Богом крепким или Отцом вечности. Эти титулы предназначены только для Бога, и описание Мессии взято не из Нового Завета, а из Ветхого. В оригинальной транслитерации на иврите написано «Эль Гибор», т. е. Бог крепкий, и «Авиад» – Отец вечности. «Ави» означает Отец, а «ад» – вечность, вечный или навсегда. Эти титулы могут принадлежать только Самому Богу. Итак, мы видим, что это не просто новозаветное учение или вера в то, что Мессия должен быть одновременно Богом и человеком. То, чему учит Новый Завет, лишь подтверждает написанное в Ветхом Завете. В Михея 5:2 еврейский пророк провозглашает в отношении Мессии эту же истину. Там говорится:

И ты, Вифлеем-Ефрафа, мал ли ты между тысячами
Иудиными? из тебя произойдет Мне Тот, Который должен
быть Владыкою в Израиле и Которого происхождение
из начала, от дней вечных.
(Михей 5:2)

На иврите это означает, что Он «из древности» или «от вечности». Опять-таки, подобные слова можно приписать только Богу. Итак, этот Мессия, родившийся в Вифлееме около 2000 лет назад, из колена Иуды, станет «Владыкою в Израиле» и будет править из Израиля после Своего возвращения. Мне потребовалось уточнить, Кем именно является Иисус согласно Писанию, потому что только Бог имеет право судить всякую плоть. Так вот, я выяснил, что Иисус отвечает всем предварительным условиям, чтобы быть Судьей всех людей.

ИЕШУА – СУДЬЯ КАЖДОГО ЧЕЛОВЕКА

Иешуа – единственный Судья всех людей, и однажды мы все предстанем перед Ним. Как сказал Павел, однажды мы все предстанем перед Ним и дадим отчет о том, как прожили свою жизнь на этой земле; и в этот момент можно будет попасть только в одну из двух категорий: «хорошо» или «плохо». Павел пишет об этом в своем Послании к Коринфянам. Интересно отметить, что некой промежуточной или третьей категории не существует. В глазах Бога нет серых зон. Вы можете сказать, что весь этот процесс довольно упрощенный, но именно так Бог смотрит на нас и нашу жизнь. Нас не будут судить на основании гуманизма или по гуманистическим стандартам. Скорее, мы будем судимы Самим Богом на основании Его взгляда на наши жизни в свете Его Слова, которое является стандартом. Заявив, что мы все предстанем перед судом Мессии, Павел говорит следующее:

*Итак, зная, что такое страх перед Господом
(трепет – прим. автора), мы стараемся убедить других.
Богу же хорошо известно, каковы мы, и я надеюсь,
что мы так же хорошо известны и вашей совести.*
(2 Коринфянам 5:11, НРП)

Большинство современных христианских проповедников никогда не осмелились бы использовать фразу «страх перед Господом», но Павел, выросший на еврейском Писании, действительно использует этот термин и делает это демонстративно и совершенно легко. Тот факт, что в наши дни мы часто пытаемся «разбавить» библейскую истину, является огромной бедой для многих современных проповедей и, к сожалению, умаляет силу Слова Божьего. Тем не менее Слово Божье имеет силу, и потому может открыться довольно ужасающая перспектива однажды предстать перед Вечно Живым Богом, Который является Судьей всех людей, и дать отчет о том, как мы прожили свою жизнь на этой земле. Если такие слова вас не пугают, значит, вы не знаете Бога. Он свят и совершенен, без всякого греха; и Он знает все, даже мотивы нашего сердца.

Только одно может избавить наши сердца от этого «страха» и сделать этот день долгожданным – примирение с Богом через кровь Иисуса Мессии. Павел говорит об этом так: «Следовательно, мы – полномочные представители Христа и в нашем лице Сам Бог обращается к людям. Мы умоляем от имени Христа: примиритесь с Богом!» (2 Коринфянам 5:20, СРП-2). Если мы уже примирились с Богом, то в этот день будут оценены наши дела и награды, но мы никогда не будем осуждены вместе с миром, потому что уже были искуплены кровью Агнца. Только тогда этот день станет днем, которого мы можем с нетерпением ждать, продолжая жить на этой земле в страхе Божьем. Далее Павел описывает, как должно жить тем, кто уверовал. Он говорит: «Итак, возлюбленные мои, как вы всегда были послушны, не только в присутствии моем, но гораздо более ныне во время отсутствия моего, со страхом и трепетом совершайте свое спасение…» (Филиппийцам 2:12). Настало время всем нам вернуться к Богу, независимо от того, евреи мы или язычники. Можете ли вы представить, в каком чудесном мире можно было бы жить, если бы каждый человек жил с чувством благоговения и ответственности перед Всемогущим Богом Израиля?

ГЛАВА 15

АВРААМ ВИДЕЛ ГОРОД, ПОСТРОЕННЫЙ БОГОМ

Верой он поселился в обещанной земле как чужеземец, живя в палатках, как и Исаак и Иаков, которые вместе с ним были наследниками согласно тому же обещанию, потому что он ожидал города, стоящего на прочных основаниях, архитектор и строитель которого Сам Бог.
(Евреям 11:9-10, НРП)

Когда мы, евреи, размышляем об Аврааме, то зачастую рассматриваем его как основателя нации Израиля и отца всех евреев, о чем шла речь в предыдущей главе. Однако многие христианские проповедники, в отличие от Писания, приписывают ему гораздо более приземленную роль. Полагаю, главная уникальность Авраама и причина, по которой Бог избрал его, заключались в его способности видеть невидимое. Он жил не только для этой земли и этой жизни – в действительности как раз невидимое было для него более реальным, чем видимое. Авраам не смог бы оставить все, что было ему знакомо и в чем он вырос, если бы Бог не был для него более реальным, чем кто-либо еще. Авраам был больше, чем просто очень успешный животновод с огромной семьей и сотнями рабов и прислуги. Его гораздо меньше, чем мы себе представляем, заботила его роль на этой земле и гораздо больше волновало его вечное влияние на человеческий род. Это был человек с очень сильными убеждениями, глубокой и непоколебимой верой. Когда Бог впервые заговорил с Аврамом, тот повиновался Ему, хотя в те времена никто на этой земле даже не знал, кто такой истинный Бог. У Аврама не было Священного

Писания, на которое он мог бы сослаться, и богословской подготовки, поскольку на земле не было ничего подобного. Он просто услышал голос единого истинного Бога и повиновался. Одно дело – читать эту историю, но совсем другое – пытаться поставить себя на его место. Вот первоначальное призвание, которое еще тогда Бог озвучил Авраму:

И сказал Господь Авраму: пойди из земли твоей, от родства твоего и из дома отца твоего в землю, которую Я укажу тебе; и Я произведу от тебя великий народ, и благословлю тебя, и возвеличу имя. Я благословлю благословляющих тебя, и злословящих тебя прокляну; и благословятся в тебе все племена земные.
(Бытие 12:1-3)

АВРАМ БЫЛ ПОСЛУШЕН ГОЛОСУ БОЖЬЕМУ

Тот факт, что Аврам, повиновавшись Богу, все оставил, взял всю свою семью, имущество и пошел в землю, показанную ему Богом, просто потрясает. И вот в конце концов он прибыл в землю Ханаанскую, которую Бог обещал ему и его потомкам. И там произошло следующее: «И явился Господь Авраму, и сказал: потомству твоему отдам Я землю сию. И создал *он* там жертвенник Господу, Который явился ему» (Бытие 12:7). Интересно посмотреть на реакцию Аврама по прибытии в землю, которую Бог обещал ему и его потомкам. Мы видим, что Аврам построил жертвенник Господу на обещанной ему земле в память об этом знаменательном событии. Эта земля – та же земля, что и современное Государство Израиль, как мы упоминали в предыдущей главе. Логично предположить, что теперь, прибыв в Землю Обетованную, Аврам начнет строить город для своей огромной семьи и слуг. Однако его следующий шаг выглядел бы несколько странным, если бы не объяснение в Послании к Евреям, стих из которого я процитирую:

*Оттуда двинулся он к горе, на восток от Вефиля;
и поставил шатер свой так, что от него Вефиль был
на запад, а Гай на восток; и создал там жертвенник
Господу и призвал имя Господа.*
(Бытие 12:8)

Аврам раскинул шатер в Земле Обетованной и построил там еще один жертвенник Господу, где призвал Его имя и поклонился Ему. Обратите внимание, он разбил именно шатер в Земле Обетованной, хотя мог бы попытаться построить город, держа в уме обетование Бога о том, что Он произведет из него великий народ.

АВРАМ ВИДЕЛ НОВЫЙ ИЕРУСАЛИМ

И вот Аврам разбил шатер, а затем ушел оттуда, потому что в стране был голод. Потом на некоторое время он оказался в Египте, выискивая более плодородную землю, чтобы обеспечить себя, свою огромную семью и множество скота во время засухи. Только Новый Завет дает нам объяснение, почему же Он поставил шатер в Земле Обетованной. Более того, Новый Завет подтверждает, что Израиль – современная Земля Обетованная – действительно обещан еврейскому народу, который является физическим потомком Авраама. Но почему Аврам поставил там, в Земле Обетованной, шатер только для себя и своей семьи, хотя при этом построил там два жертвенника Господу? В Писании слово «шатер» всегда обозначает нечто временное, а не постоянное. Видел ли Аврам нечто большее, чем Земля Обетованная? Увидел ли он что-то, еще более прочное и вечное, о чем редко говорят в наши дни? Ответ на этот вопрос дает нам Послание к Евреям:

*Верою обитал он на земле обетованной, как на чужой, и
жил в шатрах с Исааком и Иаковом, сонаследниками того
же обетования; ибо он ожидал города, имеющего основание,
которого художник и строитель – Бог.*
(Евреям 11:9-10)

Каким-то образом Авраам увидел Новый Иерусалим, вечный город, имеющий «основание, которого художник и строитель – Бог» (Евреям 11:10). В Писании мы видим, что Авраам, наследник обетования, вместе с Исааком и Иаковом, наследниками того же обетования, всегда жили в шатрах. А этот стих удивляет еще больше: «…обитал он на земле обетованной, как на чужой…» (Евреям 11:9). Это никоим образом не умаляет обетования о том, что Израиль является Землей Обетованной или что его потомки получат ее в наследство. Дело в другом: Авраам видел нечто гораздо большее и более вечное, чего никто не мог у него отнять. Петр, еврейский апостол, подтверждает это в своем письме к евреям, верующим в Иисуса в I веке, которые были в рассеянии (в языческих народах за пределами Израиля). Мы видим, что Петр своим письмом пытается ободрить евреев в вере. Вот что он говорит:

От Петра, апостола Иисуса Христа.
Скитальцам, рассеянным в Понте, Галатии, Каппадокии,
провинции Азия и Вифинии, избранным по предведению
Бога Отца, через освящение Духом, для повиновения
Иисусу Христу и окропления Его кровью.
Благодать вам и мир да преумножатся.
(1 Петра 1:1-2, НРП)

Петр пишет свое первое послание еврейским последователям Иешуа, рассеянным среди языческих народов («в диаспоре») и не живущим на земле Израиля. Он дает верующим в Иешуа евреям ту же надежду и перспективу, которые даны евреям и в Послании к Евреям. Имейте в виду, что эти еврейские последователи Иисуса находятся за пределами своей родины, которую в то время оккупировали римляне. Там евреям не были рады и порой даже выселяли их из домов. Цезарь часто издавал указы, запрещающие евреям въезд в определенный регион. Иногда их даже изгоняли из Рима. Все эти страны не считали евреев равными себе на своих землях. И вот еврей Петр, абсолютно понимая их обстоятельства, дал им это слово ободрения, чтобы они не потеряли надежду и не поколебались в своей вере:

Благословен Бог и Отец нашего Господа Иисуса Христа. По Своей великой милости Он через воскресение Иисуса Христа из мертвых дал нам новую жизнь в живой надежде. Он дал нам нетленное, неоскверненное и неувядаемое наследие. Оно хранится на небесах для вас, защищенных через веру Божьей силой для спасения, которое готово явиться в последнее время.
(1 Петра 1:3-5, НРП)

Петр также говорит им о «нетленном, неоскверненном и неувядаемом наследии», уготованном для них на небесах (1 Петра 1:4, НРП). Таким образом Петр напоминает евреям в изгнании, что их истинная надежда находится в их вечном доме в Новом Иерусалиме, ибо только наш небесный дом является «нетленным и неоскверненным» во всех отношениях. Подобными ободряющими словами Павел также увещевает всех последователей Иисуса, как иудеев, так и язычников. Он говорит: «Если мы надеемся на Христа лишь в этой жизни, то мы находимся в более жалком положении, чем все прочие люди» (1 Коринфянам 15:19, НРП). Итак, мы видим, что та же самая мысль, которую впервые услышал Авраам, проходит красной нитью через все Писание. Более того, она повторяется не только для еврейских последователей Иисуса, но и для всех верующих, будь то евреи или язычники. Если бы наша надежда была только в этой жизни, то, как сказал Павел, мы находились бы «в более жалком положении, чем все прочие люди». Наша надежда – в вечности. Наша конечная надежда состоит в том, чтобы навечно быть с Иисусом в Новом Иерусалиме! Поразительно, но Авраам был первым, кто увидел это.

ГЛАВА 16

ОТ БРАТА – К ВЕРУЮЩЕМУ

С великою радостью принимайте, братия мои, когда впадаете в различные искушения, зная, что испытание вашей веры производит терпение; терпение же должно иметь совершенное действие, чтобы вы были совершенны во всей полноте, без всякого недостатка.
(Иакова 1:2-4)

Если бы я сказал евреям, что в Библии есть только одна книга, которая представляет собой письмо, адресованное конкретно 12 коленам Израиля, они были бы удивлены. Они бы еще больше удивились, если бы я сказал им, что это одна из книг Нового Завета. Далее, с целью вызвать в них максимальный уровень изумления, я бы сказал им, что эта книга написана сводным братом Иисуса по имени Яков (Иаков). В английской Библии она называется Книгой Джеймса. Слыша о ком-то по имени Джеймс, евреи вряд ли уловят в таком имени еврейский контекст. Я, например, обычно представляю себе какого-то британского дворецкого в очень богатой семье. Почему я говорю, что Иаков – сводный брат Иисуса? Суть в следующем: хотя Иисус и родился в той же семье, что и другие Его братья и сестры, и может показаться, что Йозеф (Иосиф) был Его отцом, но это не так. Мы обсуждали ранее, что в действительности еврейское Писание говорит о зачатии Иисуса Святым Духом во чреве Его земной матери Мириам (Марии). Следовательно, хотя Он и вырос в очень благочестивом еврейском доме, Его настоящим отцом является Бог Отец. Послание Иакова проповедуется с современных христианских кафедр нечасто, потому что оно считается довольно резким и очень бескомпромиссным по стилю. Этот стиль больше похож на стиль одного из малых пророков Ветхого Завета, чем на послание Нового Завета. Разумеется, я, будучи евреем, вырос на Ветхом Завете, и временами он тоже кажется мне очень суровым и категоричным в отношении греха Израиля и Божьего суда над нечестивыми. Поэтому неудивительно, что многие современные проповедники, склонные избегать Ветхого Завета, естественно, также избегают послания Иакова. Ради контекста я буду называть послание Джеймса посланием Иакова, что более соответствует оригиналу. Иаков (Яков на иврите) – настоящее имя автора. Давайте попытаемся представить еврейскую семью того времени, которая сидит за столом и вместе наслаждается нормальной семейной жизнью. Мы можем с уверенностью сказать, что у Иисуса было по крайней мере шесть братьев и сестер. Это означает четыре брата и как минимум две сестры, что можно подтвердить Писанием:

> *После того как Иисус рассказал эти притчи, Он пошел дальше. Придя в Свой родной город, Он стал учить в синагоге. Все слушатели поражались. «Откуда у Него такая мудрость и такая сила? – говорили они. – Разве Он не сын плотника? Разве Его мать зовут не Мариа́м, а братьев – не Иаков, Иосиф, Симон и Иуда? И разве не все Его сестры живут здесь, у нас?»*
> *И потому они Его отвергли.*
> (Матфея 13:53-57, СРП-2)

В Евангелии от Матфея мы видим, что у Иисуса было четыре брата, которых называют по имени, а затем упоминаются Его сестры во множественном числе, что указывает на наличие не менее, чем двух сестер. Итак, включая Иисуса, у нас есть еврейская семья, состоящая как минимум из семи братьев и сестер, которые часто сидели за одним столом. Мы можем с уверенностью предположить, что в общей сложности они съели сотни блюд вместе. Это была очень благочестивая еврейская семья, одна из множества нормальных еврейских семей того времени. По этой причине многие из тех, кто теперь видел и слышал о чудесах и заявлениях Иисуса, часто отвергали их. Они отвергли Его, потому что смотрели только на естественное и не обращали внимания на то, что Писание говорило о Мессии. В повествовании Матфея мы увидели отношение к Иисусу, как к «соседскому мальчику, выросшему в нашем районе». Этот термин относится к нашим соседям, с которыми выросли наши дети и которых мы все знали.

Кстати, заметьте, они сказали:

Разве Он не сын плотника? Разве Его мать зовут не Мариа́м, а братьев – не Иаков, Иосиф, Симон и Иуда? И разве не все Его сестры живут здесь, у нас?» И потому они Его отвергли.
(Матфея 13:55-57, СРП-2)

Обратите внимание, что в перечислении названы Его родители, четверо братьев и по крайней мере две сестры. Там говорится, что соседи отвергли Его, потому что видели в Нем и Его семье просто еще одну семью по соседству. Они даже называли Его отца плотником, что не было необычной профессией для еврея в те дни.

ЗА ОБЕДЕННЫМ СТОЛОМ

Я не могу не попытаться представить, как выглядел бы семейный обед в жизни Иисуса. Включая родителей, за столом было в общей сложности девять человек. Вероятно, посреди стола стоял горшок с дымящейся бараниной или тушеной говядиной. Они всегда произносили еврейскую молитву благословения над едой, а также над напитками, а затем начинали есть. Я не сомневаюсь, что было много оживленных дискуссий на различные темы, особенно библейские, поскольку это была благочестивая еврейская семья. Я уверен, что слова юного Иисуса погружали остальных членов семьи в молчание и прекращали все спекуляции на любую тему. Я также могу себе представить, что каждый раз, когда кто-либо из братьев или сестер Иисуса плохо себя вел, Мириам произносила что-то в этом роде: «Симон и Иуда, почему вы не можете просто последовать примеру Иисуса и быть послушными с первого раза, когда я прошу вас убрать за собой со стола?» Хотя я могу только догадываться о том, что именно она говорила другим детям о Нем, но мы можем быть уверены, что Он был совершенным ребенком уже потому, что не разделял греховной природы человечества. Во всех других отношениях Он был «нормальным» ребенком, но без человеческой греховной природы, потому что Его зачал Святой Дух. Разумеется, Его братья и сестры не могли даже подумать такого о своем брате. Если бы мы были честны с собой и выросли в одной семье, мы тоже были бы в одной лодке с ними. Имея нормальную семью с обычным соперничеством между братьями и сестрами, я могу себе представить, что неоднократно звучало следующее: «*Има* (мать на иврите), пожалуйста, перестаньте всегда сравнивать меня с Иешуа (Иисус на иврите)! Я знаю, что Он совершенен, но я стараюсь изо всех сил!» Я не позволю моей фантазии зайти еще дальше и вообразить многие другие подобные дискуссии в семье. Тем не менее мы можем с уверенностью предположить, что наличие только одного идеального ребенка, который никогда не грешит, в семье из семи человек неизбежно могло создавать определенную напряженность между братьями и сестрами.

Мы знаем, что брат Иисуса Иаков стал очень мощным лидером в церкви I века. Он часто упоминается в Священном Писании, и, как мы говорили, он написал послание 12 коленам Израиля, более известное как Послание Иакова. Это послание считается каноническим, и это означает, что оно признано частью Священного Писания. Так что же превратило сводного брата Иисуса из скептика в такого сильного последователя Иисуса? Мы знаем, что собственные братья Иисуса по крайней мере большую часть своей жизни не верили в Него. Его служение началось примерно в возрасте тридцати лет, и в Евангелии от Иоанна мы видим запись, что в тот момент даже Его братья не верили в Него как в Мессию, несмотря на все чудеса и знамения, которые Он совершил (Иоанна 7:2-5). Это означает, что, хотя они выросли с Ним и, я уверен, нежно любили Его, им было трудно представить, что их брат (в их глазах он был их родным братом) может быть обещанным Мессией Израиля и Самим Сыном Бога.

Мы мало что знаем о трех других братьях, упомянутых ранее, но нам точно известно, что в это поверил Его сводный брат Иаков. Это полностью и окончательно изменило его мнение о сводном брате – до такой степени, что он стал одним из столпов церкви I века. Вдобавок ко всему, Бог использовал его руку и пальцы, чтобы написать послание 12 коленам Израиля, которое теперь стало частью канонического Писания. Так что же это было за событие?

Писание, которое мы сегодня имеем, – это не только Слова Бога, вдохновленные Самим Святым Духом, но и чрезвычайно надежные исторические документы. Многие скептики и агностики пытались опровергнуть и дискредитировать Писание, но люди с искренними сердцами решили его исследовать и в результате стали истинными верующими и учениками Иисуса. Итак, одно историческое событие, зафиксированное в Писании, дает нам понимание о том, что произошло с сердцем Иакова. Он полностью осознал, с Кем сотни раз сидел за одним столом и с Кем играл, будучи маленьким мальчиком. Информацию об этом мы находим в Писании после записи о воскресении Иисуса.

ИИСУС ВОСКРЕС ИЗ МЕРТВЫХ

Будучи евреем, выросшим в Южной Африке, я помню, как мои соседи-христиане праздновали Пасху: красиво одевшись, ходили в церковь и покупали вкусные шоколадные яйца и кроликов для своих детей. Но я никогда не слышал, чтобы кто-нибудь из них говорил, что в этот день нужно праздновать воскресение Иисуса. Если бы мне об этом сказали, даже не представляю, как бы я отреагировал. Многие из язычников, будь то номинальные христиане или истинно преданные Христу верующие, как мне кажется, вполне принимают это как должное или просто как факт. Но можете ли вы представить себе состояние собственной семьи Иисуса, когда они увидели Его распятым и подумали, что больше никогда не увидят своего замечательного брата? Верили они в Него или нет, у них не было сомнений в том, что лучшего брата, чем Он, просто не существовало. Вдобавок ко всему, то, что они слышали и видели, как жестоко Он был убит, должно быть, разорвало им душу, ведь на все это было невозможно смотреть. Затем Его сняли с креста и поместили в гробницу, и, по их мнению, это был последний момент, когда они Его видели. Мы, нынешние верующие, знаем, что Он воскрес из мертвых на третий день. Тем не менее даже среди учеников Иисуса не было единодушного понимания того, что Он воскреснет из мертвых. Доказательство этому можно найти в Евангелии от Иоанна:

*Тогда вошел и другой ученик, прежде
пришедший ко гробу, и увидел, и уверовал.
Ибо они еще не знали из Писания,
что Ему надлежало воскреснуть из мертвых.
Итак, ученики опять возвратились к себе.*
(Иоанна 20:8-10)

Можете ли вы представить, чтобы эти слова: «Ибо они еще не знали из Писания, что Ему надлежало воскреснуть из мертвых» (Иоанна 2:10) – имели отношение к Петру и Иоанну, т. е. первым двум из 12 апостолов Иисуса? Разве они не знали из Писания об Иисусе, воскресшем из мертвых? Разумеется, все они слышали об этом и были очень хорошо осведомлены. Апостолы были обучены Писанию, ведь это было нормой для всех евреев в те дни, и, несомненно, Иисус учил их Писанию каждый день на протяжении более трех лет. Дело в том, что у них еще не было понимания этого места Писания. Иисус наперед сообщил двенадцати апостолам, что будет распят, а затем воскреснет из мертвых, но они все еще понятия не имели, о чем Он говорил. Мы видим это в Евангелии от Луки:

*Но Он строго приказал им никому не говорить
о сем, сказав, что Сыну Человеческому должно много
пострадать, и быть отвержену старейшинами,
первосвященниками и книжниками, и быть убиту,
и в третий день воскреснуть.*
(Луки 9:21-22)

Какое место из Танаха о Его воскресении из мертвых цитируется? Мы говорим о псалме 15:10-11:

*…ибо Ты не оставишь души моей в аде и не дашь святому
Твоему увидеть тление, Ты укажешь мне путь жизни:
полнота радостей пред лицом Твоим,
блаженство в деснице Твоей вовек.*
(Псалтирь 15:10-11)

Между написанием этого псалма царем Давидом и распятием Иисуса прошло около тысячи лет. В другом переводе говорится:

*Ведь Ты не оставишь мою душу в мире мертвых, и не дашь
Твоему святому увидеть тление. Ты показал мне путь
жизни; Ты исполнишь меня радостью пред лицом Твоим.
Блаженство быть вовек по правую руку Твою.*
(Псалтирь 15:10-11, НРП)

В то время уже было известно, что упоминание «Твоему святому» относится к Мессии. Затем говорится, что этот «святой» не «увидит тления». Это очень точный перевод с иврита. Мы знаем, что все люди умирают, а затем тело гниет, или разлагается, если говорить прямо. Но такого разложения никогда не происходило со «святым», которым является Иисус Мессия. Почему? Он воскрес из мертвых. Итак, только представьте себе радость учеников, когда они увидели Иисуса живым и совершенно здоровым всего через несколько дней после того, как они видели Его тело мертвым и полностью изуродованным на кресте! Несомненно, это было невероятным чудом, исполнением библейского пророчества о Нем и окончательно убедило учеников из евреев, что все написанное о Нем было правдой!

ОТ БРАТА – К ВЕРУЮЩЕМУ

Мы уже пришли к заключению, что собственные братья Иисуса не верили в Его утверждения. Мы также видели, что даже его ученики не понимали, что Он воскреснет из мертвых, так разве Его братья могли поверить в это? Итак, давайте посмотрим на исторические библейские записи о воскресении в новозаветных посланиях Павла:

> *Ведь я передал вам, как самое важное, то, что и сам принял, – весть, что Христос, по Писанию, за грехи наши умер и погребен был, а в третий день воскрешен, как о том в Писании и говорилось, и что явился Он Кифе, затем – Двенадцати, а однажды – более чем пятистам братьям сразу (из них большинство еще живо, а некоторые уже умерли). После того явился Он Иакову, а потом – всем апостолам, и уже после всех явился и мне, недостойному.*
> (1 Коринфянам 15:3-8, Библия под ред. Кулаковых)

Важно обратить внимание на тех, кому явился Иисус после воскресения. Заметьте, что Он явился Петру (Кифе на иврите), затем первым двенадцати апостолам, затем пятистам Своим последователям – всем одновременно и в одном месте. Если читать не очень внимательно, то легко пропустить следующее: «После того явился Он Иакову» (1Коринфянам 15:7, Библия под ред. Кулаковых). Эти слова имеют отношение к Иакову, сводному брату Иисуса. Очень показательно, что он упоминается по имени, в то время как остальные трое сводных братьев Иисуса не упоминаются. Безусловно, здесь нет намека на то, что они в конце концов не уверовали в Него, однако можно предположить, что Иакову было поручено сыграть значительную роль в росте и становлении ранней новозаветной церкви. Иаков стал признанным лидером первой церкви (конгрегации) в Иерусалиме и часто упоминается в различных книгах Нового Завета как авторитетный лидер. Мы видим, что Павел снова называет имя Иакова в своем письме к галатийской церкви:

> *Потом, три года спустя, ходил я в Иерусалим, чтобы познакомиться с Петром, и пробыл у него пятнадцать дней; других же апостолов, кроме, впрочем, Иакова, брата Господня, я не видел.*
> (Галатам 1:18-19, Библия под ред. Кулаковых)

Снова мы видим Иакова – упоминаемого по имени настоящего лидера в основании церкви I века. Совершенно очевидно, что Иаков пережил кардинальное изменение в понимании брата, с которым вырос. С позиции абсолютного неверия в Иисуса он перешел в статус одного из ключевых лидеров церкви I века в Иерусалиме. В своем письме к 12 коленам Израиля Иаков ничего конкретно не говорит об этом переживании встречи с Иисусом после воскресения, но можно с уверенностью предположить, что именно она превратила Иакова из простого брата в верующего – преданного последователя Иисуса. Важно помнить то, что Иисус не только воскрес из мертвых, что само по себе является невероятным чудом и исполнением ветхозаветного пророчества, – Он был избит до полусмерти и, согласно Священному Писанию, неузнаваем из-за жестокости побоев. Мы читаем об этом в Книге пророка Исаии:

> *И как многие поразились, увидев Моего слугу,*
> *потому что он был так обезображен,*
> *что в нем с трудом узнавали человека.*
> (Исаия 52:14, Святая Библия: Современный перевод)

Эта деталь, касающаяся внешнего вида Иисуса после избиения и распятия, имеет чрезвычайное значение. Почему? Всего через несколько дней после распятия Он явился Иакову и всем остальным и при этом был не только воскресшим, но и имел идеальное во всех отношениях физическое состояние. Да, на Его руках и ногах остались отпечатки гвоздей, так что на всю вечность не может быть сомнения, что Он – Агнец Божий, закланный за наши грехи. Помимо этого свидетельства, Он был совершенно исцелен и абсолютно здоров. Так что по сути это было двойным чудом, поскольку это было не только воскресение, но и реконструкция и чудесное физическое исцеление одновременно. Обратите внимание еще раз: как мы только что прочитали на языке оригинала, и Его лицо, и тело были настолько изуродованы, что Его нельзя было даже признать человеком. «Плетка-девятихвостка» дробила стекло и, возможно, даже металл, не говоря уже о Его плоти. Лицо Иисуса было настолько изуродовано и избито, что никому, кто знал Его, не удалось бы Его опознать. С точки зрения сегодняшнего дня, если бы Иисус был жертвой убийства и члены семьи пришли на опознание тела, то просто не смогли бы этого сделать по причине обезображивания.

Без сомнения, все картины, изображающие Иисуса на кресте, очень эстетичны и, как правило, демонстрируют, что из-за тернового венца у Него есть небольшое кровотечение на безукоризненном – во всем остальном – лице. В действительности это было не так. Если бы вообще могла появиться картина, изображающая, как на самом деле выглядел Иисус на кресте, никто не захотел бы ее покупать. Дети в ужасе разбегались бы, а брезгливые люди отшатывались или даже падали в обморок от ужаса реальности. И вот теперь представьте момент, когда Иисус лично, в полном здравии во всех смыслах, явился Своему брату Иакову. Вполне вероятно, что всего через несколько дней после распятия Иисус выглядел даже лучше, чем до этого события. Мы не знаем, сколько времени Он провел со Своим сводным братом или что Он Ему говорил, но можно с уверенностью предположить, что речь шла о местах Писания, которые предсказывали смерть, погребение и воскресение Иисуса, – и вот теперь Он лично предстал перед Иаковом. Зачем было напоминать брату места Писания о смерти, погребении и воскресении? Во время общения со Своими учениками после Своего воскресения Иисус каждый раз говорил об исполнении ветхозаветных мест Писания. Я не могу себе представить, насколько сильно повлияла эта встреча на Иакова и как она превратила его в одного из самых преданных учеников Иисуса в истории человечества. Я понимаю, что мои слова – это всего лишь предположение, но, возможно, первые слова Иисуса к его некогда сомневающемуся брату звучали именно так: «Я же тебе говорил!»

ИИСУС – СУДЬЯ ВСЕХ ЛЮДЕЙ

В Деяниях еврейских апостолов мы также имеем возможность рассмотреть под новым углом слова и поступки Иисуса, касающиеся тех, кому Он явился после воскресения. Мы тоже упомянем здесь Иакова, которому явился Иисус, поскольку его считают одним из свидетелей этого исторического библейского события. В проповеди Кифы (Петра) иудейским вождям Израиля I века о появлении Иисуса после воскресения говорится следующее:

> *Сего Бог воскресил в третий день, и дал Ему являться не всему народу, но свидетелям, предъизбранным от Бога, нам, которые с Ним ели и пили, по воскресении Его из мертвых. И Он повелел нам проповедовать людям и свидетельствовать, что Он есть определенный от Бога Судия живых и мертвых.*
> (Деяния 10:40-42)

Прежде всего обратите внимание на то, что, в первую очередь, Иисус действительно явился ученикам физически, а не только в видении или во сне. Здесь говорится, что они «…с Ним ели и пили, по воскресении Его из мертвых» (Деяния 10:41). Невозможно есть и пить с тем, кто явится тебе в видении или во сне! Во-вторых, здесь упоминается одна из главных тем, которую затрагивает Иисус, общаясь со всеми ими во время Своего появления. Естественно, сюда относится и Его разговор со Своим сводным братом Иаковом. Мы читаем: «…и свидетельствовать, что Он есть определенный от Бога Судия живых и мертвых» (Деяния 10:42). Итак, Иисус повелел им проповедовать всем людям, что именно Он был назначен Самим Богом быть «Судией живых и мертвых» (Деяния 10:42), как мы только что прочитали. В этих словах мы видим подтверждение о Нем того, о чем пророчествовал Моисей в Торе более 1500 лет назад:

> *Я пошлю им Пророка, как тебя, из их братьев. Я вложу Мои слова в Его уста, и Он будет говорить им все то, что Я Ему повелю. Если кто-то не станет слушать Мои слова, которые Пророк будет говорить от Моего имени, то Я Сам призову того к ответу.*
> (Второзаконие 18:18-19, НРП)

Таким образом, очевидно, что слова Иисуса, адресованные ученикам после воскресения, полностью соответствует словам Моисея, которые он сказал об Иисусе Израилю, пророчествуя о Его явлении Израилю в будущем. Это помогает нам понять, почему в Послании Иакова (Якова) автор, сводный брат Иисуса, так часто говорит о Нем как о Судье. Такая перспектива помогает легко собрать «пазл» из ветхозаветных пророчеств, касающихся личности Иисуса. Мы видим переплетение Ветхого и Нового Заветов как один красивый гобелен, а не две отдельные книги.

БОЛЬШЕ, ЧЕМ ХОРОШИЙ ЧЕЛОВЕК

Когда я говорю своему еврейскому народу об Иисусе, то в ответ получаю много разных реакций. Ультраортодоксы иногда реагируют довольно агрессивно или просто сразу начинают сторониться меня и возводят огромные стены. Как правило, они говорят: «Я не заинтересован в том, чтобы заниматься этим дальше; даже не поднимайте эту тему». Если честно, мне очень нравится видеть агрессивную реакцию, поскольку это указывает на то, что они небезразличны к истине, хотя духовные лидеры вводят их в заблуждение относительно Иисуса. Светские или более гуманные евреи часто говорят, что Иисус был «хорошим человеком» и пророком или одним из пророков. Обыкновенные израильтяне нередко отмахиваются: «Я рад, если это у вас работает. Это же просто здорово, но не для меня». Давайте рассмотрим заявление Иисуса, которое представляет собой идеальное решение для всех этих групп или конкретно для вас, дорогой читатель, независимо от вашего отношения к Иисусу и вашего происхождения. Иисус адресует эти слова каждому человеческому сердцу и дает ответ на всякий вопрос о Нем:

И кто действительно хочет исполнять волю Бога, тот узнает, от Бога Мое учение или же Я говорю Сам от Себя.
(Иоанна 7:17, НРП)

В конце концов слова Иисуса, образно говоря, «покажут разницу между мужчинами и мальчиками». Если человек имеет искреннее сердце, выбирает и желает исполнять волю Божью, то Сам Бог покажет ему, Кем на самом деле является Иисус. Мы, так сказать, все находимся в «равных условиях», так что никому не дано шанса оправдаться:

> *Я есть путь и истина и жизнь. Никто не приходит к Отцу, как только через Меня.*
> (Иоанна 14:6, НРП)

Иисус никогда не приходил, чтобы предложить один из многочисленных вариантов или принести в мир новую религию. Он пришел не для того, чтобы принести новую философию или стать еще одним мудрецом или великим учителем среди всех так называемых «великих». Иисус также не является одним из многих путей к Богу: Он – единственный «путь, истина и жизнь». Я знаю, что многие люди спотыкаются об это утверждение, но помните, что только Он может простить наши грехи. Только Его жертва может искупить и навсегда «забрать» наши грехи. Кто захотел бы отвергнуть такое предложение, такую любовь к нам, заблудшим в своих грехах и бредущим без Него по пути погибели? Иисус сказал:

> *Истинно, истинно говорю вам: слушающий слово Мое и верующий в Пославшего Меня имеет жизнь вечную, и на суд не приходит, но перешел от смерти в жизнь.*
> (Иоанна 5:24)

Затем Он продолжил:

> *Не удивляйтесь этому, потому что настанет время, когда все, кто находится в могилах, услышат Его голос и выйдут из могил. Те, кто делал добро, воскреснут, чтобы жить, а те, кто делал зло, – чтобы получить осуждение.*
> (Иоанна 5:28-29, НРП)

Мы все воскреснем: некоторые испытают «воскресение жизни», ведущее на небеса, а другие получат «воскресение осуждения». Это два единственно существующих варианта, и решающим будет то, как мы воспринимаем Иисуса – принимаем или отвергаем Его совершенную жертву за нас. Со Своей стороны, Он сделал все, что мог, для обеспечения нашего с вами спасения. Еврей или язычник, к вам только один вопрос: что вы ответите Иисусу – Мессии, Царю и Господу неба и земли? Вот молитва, которая поможет вам установить отношения с Ним. Если вы искренни – молитесь! Бог услышит вас, и ответит, и будет с вами всегда!

МОЛИТВА

Бог Авраама, Бог Исаака, Бог Иакова, посредством вечной крови Иисуса, Твоего Сына, прости мне мои грехи! Вынь мое каменное сердце и дай мне сердце из плоти, как сказал пророк Иезекииль. С этой минуты и навсегда я отдаю Тебе свое сердце и свою жизнь. Я хочу следовать за Тобой. Я верю, что Иисус – Сын Божий, мой Мессия и мой Царь! Я верю, что Он воскрес из мертвых, как сказано в Священном Писании. Я отдаю Тебе всего себя!

ЭПИЛОГ

За день до шаббата, после вечернего жертвоприношения в Храме, Мордекай бен Захария закончил выполнение своих обязанностей. С тех пор, как в Храме ему явился Иисус из Назарета, Его слова снова и снова звучали в ушах Мордекая. Все это напоминало запись, которая воспроизводилась и воспроизводилась в его голове:

> Я – тот Агнец! Совсем скоро всем этим жертвоприношениям будет положен конец. Больше не будет необходимости приносить в жертву ягнят, быков или коз, потому что Я буду завершенной жертвой за тебя и твою семью, за все священство и весь Израиль.

Всего через несколько лет после этого посещения, с согласия правителей Израиля, включая первосвященника, Иисус был приговорен к смертной казни через распятие. Лидеры утверждали, что причиной послужило то, что Он заявлял о Своем равенстве с Богом, т. е. богохульство. Другие говорили, что Он называл себя Сыном Божьим и Мессией. Они так и не пришли к взаимному соглашению насчет причины, по которой Он был осужден на такую страшную и жестокую смерть. И все же Мордекай не мог выбросить из головы образ этих глубоких карих глаз Иисуса, которые были подобны колодцам с живой водой. Он также не мог забыть властности Его слов и в то же время Его кротости и смирения, которые были в Нем и которые невозможно было отрицать.

Иисус как будто одновременно обладал силой и бесстрашием льва, а также кротостью ягненка. Как они могли распять такого человека, в котором, казалось, обитала только чистота и святость? Он явно был человеком без всякого лукавства и, тем не менее, Сам Иисус сказал Мордекаю, что Он есть тот Агнец, Который должен умереть, чтобы искупить грехи Израиля, забывшего своего Бога. Мордекай не был согласен с решением распять Иисуса – он слишком боялся Бога, чтобы сделать это. А что, если Он действительно был тем Агнцем Божьим? Что, если Его распятие было предназначено стать последним искуплением Израиля, как Он и говорил? Мордекай прокручивал в уме эти мысли так много раз, что, бывало, боялся потерять рассудок, если не доберется до сути всех вопросов об Иисусе, роящихся в его уме.

Вдобавок ко всему прочему, по Иерусалиму ходили упорные слухи о том, что всего через несколько дней после Своей смерти Иисус явился живым более чем 500 Своим последователям, будучи в полном здравии. Говорили, что на Его теле не было никаких признаков повреждений, кроме заживших следов от гвоздей на руках и ногах. Также Мордекай слышал, что Иисус даже явился наедине Своему брату Иакову и с тех пор Иаков стал пламенным проповедником и лидером еврейских верующих в Иерусалиме. Поговаривали, что его проповеди были настолько огненными, что его невозможно было сдержать, и потому многие евреи теперь становились последователями Иисуса. Как у покойного могло быть столько неравнодушных учеников? Казалось, что после смерти Иисуса число Его учеников стало намного больше, чем когда Он был жив. Если иудейские лидеры надеялись, что избавятся от Его влияния, одобрив Его смерть, то теперь это имело серьезные неприятные последствия. Но как мог мертвец произвести такое рвение, энтузиазм и страсть в своих последователях? А что, если Его слова были правдой, и Он действительно был жив и сидел одесную Бога?

Говорили также, что после Его распятия на кресте завеса в Храме, отделявшая народ и священников от Святая Святых, разорвалась надвое сверху донизу. Это казалось невозможным, потому что к этой завесе никто не прикасался, к тому же она была сделана из самого толстого, прочного и качественного материала. Говорили, что ее быстро заменили новой завесой, чтобы слухи не распространялись дальше. Создавалось впечатление, что все эти разговоры об Иисусе, событиях, связанных с Его смертью, и о том, что произошло позже, только усиливались, а не ослабевали. Вдобавок ко всему, многие священники, служившие с Мордекаем в Храме, теперь оставили священство и стали последователями Иисуса. Это произошло благодаря проповеди ученика Иисуса по имени Стефан, который был настолько страстным проповедником, что убедил многих из них в том, что Иисус жив и является единственным искуплением за их грех. С тех пор они стали последователями Пути. В какой-то момент первосвященник даже забеспокоился, что для совершения ежедневных жертвоприношений не хватит священников, потому что многие обращаются к Господу.

Несмотря на то, что Мордекай продолжал добросовестно выполнять свои священнические обязанности во время совершения жертвоприношений, он уже не был так уверен в них, как раньше. Он больше не был уверен в том, что грехи людей действительно были прощены благодаря этой жертве молодого ягненка. Он не мог выбросить из головы слова Иисуса: «Я есть Агнец». К тому же стало известно, что в День искупления, когда первосвященник собрался принести жертву за Израиль, чтобы окропить кровью крышку Ковчега Завета, Божьей славы там больше не было. Как говорили, слава Божья покинула Храм, что и предсказывал Иезекииль веками ранее. Затем Синедрион поспешил опровергнуть все эти слухи и заявил, что это всего лишь пустые сплетни, в которых нет ни доли правды. Он утверждал, что эти слухи распространяют еврейские ученики Иисуса, чтобы пополнить ряды своей секты, которая теперь разрослась и насчитывала тысячи людей. Синедрион видел в этом реальную угрозу статус-кво и даже считал, что под угрозой вся храмовая система. По этой причине там начали агрессивно разрабатывать стратегию, чтобы попытаться помешать большему количеству евреев стать последователями Пути, которые, по их словам, были новой сектой, которую нужно остановить любой ценой.

МОЩНОЕ СЛУЖЕНИЕ СТЕФАНА

Спустя некоторое время после смерти Иисуса и, как утверждали Его ученики, Его воскресения, Мордекай через притвор Соломона опять вошел в Храм, чтобы исполнить свои обязанности. Поднимаясь ко входу, он увидел, как тысячи евреев становятся последователями Иисуса, провозглашая, что Он – Мессия и Сын Божий. Мордекаю бросилось в глаза то, насколько сильна вера этого множества людей, – казалось, он мог осязать силу Святого среди них. Еще более необычным было то, что сила *шехины* (славы Божией), которая всегда ощущалась рядом со Святым Святых, теперь как будто витала между ними. Мордекай, находясь за завесой, больше не испытывал чувства благоговения перед величием Бога, поскольку то же самое присутствие теперь ощущалось среди этих людей. Несомненно, страх и трепет перед величием Божьим был внутри их. Вдобавок ко всему, один из их предполагаемых лидеров по имени Стефан творил здесь чудеса во имя Иисуса – люди исцелялись и среди них ежедневно происходили великие знамения и чудеса. Поговаривали, что этот же самый Стефан является таким могущественным проповедником и настолько преисполнен славы Божьей, что никто не может оспорить его послание, когда он провозглашает Иисуса воскресшим Мессией.

СВЯЩЕННИКИ ИЗ ЛЕВИТОВ ОБРАЩАЮТСЯ К МЕССИИ

Он оказывает сильное влияние даже на священников, и потому многие из них обращаются к вере в Иисуса и отказываются от своих обязанностей приносить жертвы в Храме. Они утверждают, что этот Иисус теперь является единственной жертвой за Израиль и истинным Агнцем Божьим. Услышав это, Мордекай был шокирован. Дело в том, что когда Иисус подошел к нему в Храме несколько лет назад, то сказал ему точно такие же слова. Мордекай до сих пор не знал, было ли это видением или Иисус действительно явился ему лично. Одного отрицать он точно не мог: эта встреча оказала огромное влияние на его жизнь. После этого переживания его служение и принесение ежедневных жертв, казалось, уже не имели той силы, которой когда-то обладали. Особенно это проявилось после распятия Иисуса на кресте – он не мог избавиться от слов, которые услышал от Иисуса: «Я – тот

Агнец!» Теперь все эти священники, обращаясь к Иисусу, произносили те же самые слова. Они говорили, что их совесть больше не позволяет им приносить жертвы, требуемые Моисеем. Синедрион незамедлительно выгнал их из общины Израиля и даже запретил им приближаться к храмовому алтарю. Их назвали церемониально нечистыми, потому что они отказывались принимать жертвоприношения животных для искупления. Теперь эти новообращенные священники заявляли, что только кровь Иисуса может сделать их чистыми для входа во Святое Святых. Это очень разозлило первосвященника и руководителей Синедриона, и потому те обвинили священников в вероотступничестве и отказе от Закона Моисеева. Создавалось впечатление, что священников абсолютно не заботило это обвинение, так как они были переполнены радостью от новообретенной веры в Мессию.

УБЕДИТЕЛЬНАЯ ПРОПОВЕДЬ СТЕФАНА

Всякий раз, когда Мордекай приближался к Храму, чтобы исполнить свои обязанности у алтаря, он ежедневно проходил через притвор Соломона и сквозь растущую толпу последователей Иисуса из евреев. Он заметил, что Стефан был одним из главных ораторов и что его сила и влияние росли с каждым днем благодаря его сильной проповеди. Особое влияние Стефан оказывал на жрецов, которым приходилось почти ежедневно преодолевать этот путь для исполнения своих обрядовых обязанностей в Храме. С каждым разом к нему прислушивалось все больше и больше людей – они не могли сопротивляться ни логике, с которой он их убеждал, ни силе, ни авторитету, с которыми он говорил. Однажды Мордекай услышал разговор между некоторыми лидерами еврейского совета. Они утверждали, что Стефана нужно любой ценой заставить замолчать, иначе Храм и его функция для всего Израиля могут быть разрушены навсегда, особенно если из-за его проповеди священники будут продолжать приходить к Господу. Мордекай решил тайно послушать одно из посланий Стефана, чтобы понять, почему лидеры видели в нем такую угрозу. Мордекай решил, что в следующий раз, когда ему не нужно будет исполнять служебные обязанности и на нем не будет церемониальных одежд, он станет в конце толпы, чтобы не привлекать к себе никакого внимания, и послушает.

В середине недели, будучи свободным от исполнения своих обязанностей, Мордекай подошел к притвору Соломона, где все собирались. Он заметил, что было довольно много шума и суматохи, и увидел, что Стефан опять проповедует, но на этот раз обращаясь непосредственно к руководителям совета. Казалось, они реально были возмущены его посланием, поэтому Мордекай, как и планировал, проскользнул в конец толпы, чтобы послушать. Он был поражен, с какой властью и святой смелостью проповедовал Стефан. Никогда прежде он не слышал, чтобы Слово Божие проповедовалось с такой силой – это совсем не было похоже на слабую проповедь и учение книжников и фарисеев, которые, судя по всему, говорили только на основании своей власти. Мордекай слушал в изумлении до тех пор, пока не подошел кульминационный момент послания. Когда Стефан говорил, его лицо сияло, будто лицо ангела. Вот что услышал Мордекай, когда Стефан обратился к совету:

Вы – упрямый народ с необрезанными сердцами и ушами! Вы всегда противитесь Святому Духу, как и ваши отцы! Кого из пророков ваши отцы не преследовали? Они убили тех, кто предсказывал пришествие Праведного, предателями и убийцами Которого стали теперь вы! Приняв Закон, переданный вам через ангелов, вы не соблюли его.
Услышав это, они пришли в ярость и начали скрежетать зубами от злости на Стефана. Стефан же, исполненный Святого Духа, поднял глаза к небу и увидел славу Божью и Иисуса, стоящего по правую руку от Бога.
– Смотрите, – сказал он, – я вижу открытые небеса и Сына Человеческого, стоящего по правую руку от Бога!
(Деяния 7:51-56, НРП)

Как мы только что прочитали, после слов Стефана книжники, фарисеи и руководители Синедриона пришли в ярость.

Мордекай был потрясен их реакцией и поведением, поскольку многих из них хорошо знал и они достаточно долгий срок вместе служили в Храме. Казалось, будто они совсем не в себе и охвачены иным духом, так что даже готовы совершить убийство. И вот со всей своей неистовой силой они накинулись на Стефана и до смерти забили его камнями. Во всем произошедшем Мордекая больше повергли в шок не их действия, а реакция Стефана: «Когда они бросали в Стефана камни, тот молился: – Господь Иисус, прими дух мой! Потом он пал на колени и громко воскликнул: – Господи, не наказывай их за этот грех! С этими словами он умер» (Деяния 7:59-60, НРП).

МОРДЕКАЮ НУЖНО ПРИНЯТЬ РЕШЕНИЕ

Мордекай не мог поверить своим глазам: его собственные лидеры, многих из которых он глубоко уважал, только что на виду у всех убили одного из своих собратьев-евреев. Убили только по одной причине – за провозглашение Иисуса Мессией и Сыном Божьим. Вся суть в том, что Стефан проповедовал им только на основании Закона и пророков – он проповедовал и провозглашал не чуждого бога, а истинного Бога Израиля и Его Мессию. Именно за это Стефан был побит камнями, и никто даже не вмешался и не попытался остановить убийство. Мордекай развернулся и побежал вниз по ступеням Храма, прежде чем его узнали. Он запыхался, будучи потрясенным до глубины души; его сердце колотилось. Что он мог сделать? Мордекай осознал, что ему нужно лично узнать, является ли этот Иисус Мессией. Теперь это в буквальном смысле слова стало вопросом жизни и смерти. Более того, Мордекай никак не мог понять один момент: когда Стефана побивали камнями, тот ни разу не проклял преступников и не сказал о них ни одного плохого слова. На самом деле он призвал Иисуса и просил, чтобы в этом грехе их не обвиняли. Какая разная реакция: лидеры были полны ненависти и жажды убийства, а их собрат-еврей, которого они затем забили камнями до смерти, был так полон любви и прощения даже до своего последнего вздоха! Несомненно, в своих действиях Стефан был праведником, а они – нет. Он только что заплатил высшую цену за свою веру и, казалось, не сожалел об этом до самого конца – он остался верен своей вере. В ушах Мордекая по-прежнему звучали слова, сказанные ему Иисусом: «Я есть тот Агнец» и «Скоро всем этим жертвоприношениям придет конец. Больше не будет необходимости приносить в жертву ягнят, быков или коз, потому что Я буду завершенной жертвой за тебя и твою семью, за все священство и весь Израиль».

Мордекай не мог выкинуть из головы Его слова: «Я буду завершенной жертвой за тебя и твою семью». Как он может притворяться, будто верит, что кровь тельцов и козлов покрывает его грехи, если Иисус был завершенной жертвой и только Его кровь имеет силу искупить грех? Разве Иисус не доказал это Своей смертью на кресте? Стал ли крест жертвенником грехов Израиля, которому Он как Агнец добровольно принес Себя на заклание? Иисус тоже не сопротивлялся Своим угнетателям и даже простил тех, кто призывал убить Его. Теперь Мордекай стал свидетелем того, как истинный ученик Иисуса – Стефан – продемонстрировал ту же любовь и прощение. Он даже воскликнул перед смертью, что видит Сына Человеческого, стоящего одесную Бога. Должно быть, он увидел Иисуса и потому покинул эту землю, наполненный любовью, верой и миром! Мордекай понял, что теперь и он верит в «Иешуа бен Давида» (Иисуса, Сына Давида).

Хотя его до глубины души потрясло избиение Стефана камнями, оно также дало ему последнее доказательство, которого он ждал, – Иисус жив и живет среди Своих учеников. Мордекай не мог отрицать, что он только что стал свидетелем величайшего проявления подлинной веры, которое когда-либо видел в человеке. Он как будто увидел Самого Иисуса, живущего в Стефане. Словно Иисус ожил в Своем верном слуге! Мордекай больше не мог отрицать, что верит. Теперь он понял, что Иисус действительно является «надеждой Израиля» и что система храмовых жертвоприношений, какой он ее знал, придет к концу. Кровь тельцов и козлов больше не могла покрывать грехи, потому что теперь пришла совершенная жертва. Неописуемая радость и покой наполнили его душу. Теперь он знал без всякого сомнения, что Иешуа – Мессия, завершенная жертва за его грехи. Он почувствовал себя как бы омытым и очищенным – он понял, что его грехи прощены. Любые сомнения относительно того, кем был Иешуа, теперь оставили его. Он больше не мог притворяться, что верит, будто его обязанности у алтаря могут искупить его грехи или грехи тех, за кого он совершал ежедневные жертвоприношения. Он уйдет со своего поста и скажет им, что верит в Иешуа, чего бы это ни стоило. Он присоединится к другим еврейским ученикам в Иерусалиме. Он больше не будет молчать!

МНОГО ЛЕТ СПУСТЯ

Мордекай уже много лет живет в среде еврейских учеников Иисуса в Иерусалиме. К большому ужасу первосвященника и совета в Иерусалиме, он оставил свой пост в Храме. После того, как Стефана побили камнями, в Иерусалиме начались жестокие гонения на его единоверцев-евреев, и многие из них оказались в рассеянии. Тем не менее они проповедовали Евангелие, куда бы ни пошли. Ученики бежали не потому, что боялись умереть за Евангелие – наоборот, они использовали это как возможность повиноваться словам Иисуса, чтобы нести эту удивительную евангельскую весть всему миру. Павел – некогда главный преследователь верующих в Иерусалиме – теперь тоже пришел к вере и сам проповедует действительно сильную весть, провозглашая Иисуса обещанным Мессией. Его проповедь настолько же огненная, как и проповедь Стефана, и некоторые руководители совета также приказали было убить его. Однако он убежал, получив избавление от их рук. Складывается впечатление, что разделение в еврейской общине – между верующими в Иисуса и теми, кто не верит в Него, – углубилось и вызвало огромный раскол. Две группы не могут примириться друг с другом. Более того, все накалилось до такой степени, что это уже стало вопросом жизни и смерти в прямом смысле этого слова. Когда Мордекай делится своей верой с собратьями-евреями, которые отказываются верить, он часто цитирует слова Иисуса: «Ибо какая польза человеку, если он приобретет весь мир, а душе своей повредит?» (Марка

8:36). Поскольку все священники жили за счет десятины народа, Мордекай, оставив свой пост священника, также отказался от средств к существованию. Почему? Мордекай знает, что его обеспечивает Бог: будучи в ежедневном общении со своими единоверцами, он видит, как люди приносят свои средства и кладут их к ногам апостолов. Так что, к счастью, ни один из верующих в Иерусалиме ни в чем не нуждается. Мордекаю действительно нравится возрастать в своей вере, ежедневно преломляя хлеб по домам со своими единоверцами и слушая учение апостолов, когда они собираются вместе в притворе Соломона возле Храма.

НОВАЯ УГРОЗА В ИЕРУСАЛИМЕ

Шел 70-ый год нашей эры. За несколько ужасных лет Мордекай и его единоверцы пережили новое еврейское восстание против Рима. К сожалению, это событие натравило одних евреев на других, своих же евреев. Многие перестали преследовать учеников Иисуса, потому что евреи, поддержавшие мятеж, убили первосвященника и его подчиненных, которые отказались поддержать мятеж. Храм и его окрестности уже были осквернены мертвыми телами. Почти осязаемая черная туча теперь нависла над самим Иерусалимом. Мордекай не мог выбросить из головы слова Иисуса, которые Он сказал ему во время встречи в Иерусалимском храме:

> «Вам придется бежать в горы, окружающие Иерусалим, чтобы спасти свою жизнь и свою семью, или остаться в Иерусалиме и умереть. Твои собратья сочтут тебя трусом и предателем. Но вам придется выбрать, будете ли вы в первую очередь верны Богу или своему народу, даже если они не понимают ваших действий. Я просто цитирую слова Даниила и пророков, которые вы и сами знаете с детства».

Теперь Мордекай понял слова Иисуса – они стали для него реальностью. Многие зелоты (лидеры восстания) просили его присоединиться к ним и поднять оружие против римских угнетателей. Они сказали ему, что все происходящее похоже на дни Маккавеев, – они победят, и Бог будет с ними. Мордекай не мог присоединиться к ним с чистой совестью, потому что понимал, что это нечто другое. Израиль отверг единственного Агнца, Который мог их защитить. Приближалась Пасха, и тысячи евреев уже шли в Иерусалим, чтобы приготовиться к пасхальной жертве. Но Мордекай знал, что все это напрасно. Завершенная жертва уже принесена. Иисус умер на жертвеннике за весь Израиль. Хотя этот жертвенник был деревянным крестом, тем не менее это был жертвенник. Теперь произошло четкое разделение между евреями, последовавшими за Иисусом, и теми, кто не последовал за Ним. Перед смертью Иисус сказал Своим ученикам слова, подобные тем, что услышал от Него Мордекай:

*Когда же увидите Иерусалим, окруженный войсками,
тогда знайте, что приблизилось запустение его:
тогда находящиеся в Иудее да бегут в горы;
и кто в городе, выходи из него; и кто в окрестностях,
не входи в него, потому что это дни отмщения,
да исполнится все написанное.*
(Луки 21:20-22)

Произошло разделение даже между самими верующими. Некоторые из зелотов особенно рьяно склоняли молодых новообращенных последовать их примеру. Если же новообращенные цитировали предостережения Иисуса бежать в горы, их обвиняли в предательстве и трусости. Мордекай уже был предупрежден Иисусом, что это произойдет, и потому имел опасения насчет молодых верующих, решивших присоединиться к ревнителям восстания. Он боялся не только за их жизни, но и за их нежную молодую веру, потому что ужасы войны и резня могут уничтожить ее. Он беспокоился, что их вера будет поколеблена, поскольку зелоты учили ненавидеть римлян, которые были их врагами. Однако Иисус учил любить своих врагов и молиться за них. Мордекай видел страдание на их юных лицах и сочувствовал им. Он молился, чтобы они приняли правильное решение, а сам решил бежать из Иерусалима ночью, пока не стало слишком поздно. Войска генерала Тита уже окружили город, и Мордекай знал, что эту войну евреям не выиграть. Иисус сказал ему об этом абсолютно четко и ясно. Мордекай предупредит свою семью и близких родственников и даст им шанс бежать вместе с ним в безопасное место. Единоверцы уже организовали побег ночью. Мордекай с надеждой молился о том, чтобы его близкие присоединились к нему. Он знал, что должен жить, чтобы нести Евангелие своим собратьям-евреям в рассеянии и язычникам, которые теперь также открывали свои сердца для Евангелия. Если его народ будет считать его трусом и предателем, он примет это. Мордекай знал, что это неправда, и потому решил следовать за Иисусом любой ценой. Он должен исполнить свое служение, чтобы нести Евангелие всему миру, как Иисус заповедал Своим ученикам после Своего воскресения:

Тогда, подойдя, Иисус сказал им:
– Мне дана вся власть на небе и на земле.
Поэтому пойдите ко всем народам и сделайте их Моими учениками: крестите их во имя Отца, Сына и Святого Духа и учите их исполнять всё, что Я вам повелел.
А Я буду с вами всё время, до скончания века.
(Матфея 28:18-20, НРП)

Хотя Мордекай не знал, что ожидает его в будущем, он полностью доверял Тому, в Чьих руках оно хранилось. Мир и уверенность в Божьей защите наполнили душу Мордекая: он знал, что следует указаниям Иисуса и Он рядом. Мордекай не имел страха – Бог был с ним. Как сказал Иисус: «и се, Я с вами во все дни до скончания века» (Матфея 28:20).

ЗАКЛЮЧЕНИЕ

Мы видим, что, хотя Мордекай – священник и теперь последователь Иисуса – является вымышленным персонажем, исторические события произошли именно так, как предсказывал Иисус. Когда армии, сняв осаду, вошли в город и Храм, началась резня беспрецедентных масштабов. Исторические отчеты говорят, что в Иерусалиме и его окрестностях было убито более миллиона евреев. Многие оказались там непреднамеренно, поскольку прибыли на празднование Пасхи и попали в разгар битвы, которой не ожидали. Последователи Иисуса, поверившие Его предупреждениям, были в безопасности, а большинство из тех, кто остался, были уничтожены в бою или убиты, даже не взяв оружие в руки. Мордекай и его единоверцы послушались указаний Иисуса, хотя многие их собратья-евреи назвали их трусами и предателями. Они знали, что должны следовать за Иисусом и повиноваться Его словам и наставлениям превыше всего. В конце концов им довелось выбирать между повиновением Богу и попыткой угодить человеку. Большинство из тех, кто пытался угодить человеку даже из националистических соображений, погибли ужасной смертью. Что бы сделали вы, если бы были Мордекаем? Неважно, еврей вы или язычник. Будете ли вы следовать за Иисусом любой ценой? Откажетесь ли вы от всего, чтобы повиноваться и угождать Ему? Путь послушания нередко труден, но на этом пути всегда есть сверхъестественная благодать. Если вы никогда не отдавали всю свою жизнь и сердце Иисусу и осознали цену ученичества, тогда произнесите эту молитву:

Иисус, я верю, что Ты – Мессия, Царь Израиля. Я верю, что Ты – каппара (жертва) за мои грехи. Я верю, что Ты умер на кресте за меня. Пожалуйста, возьми мое каменное сердце и дай мне сердце из плоти, прости мне мои грехи. Я верю, что Ты воскрес из мертвых и жив во веки веков. Я отдаю Тебе свою жизнь, свое сердце, все, что у меня есть! Во имя Иисуса. Аминь.

ОБ АВТОРЕ

Джеффри Коэн – мессианский (верующий, что Иисус – Мессия) еврей, который родился в Южной Африке. Он служит Божьим Словом и проповедью Евангелия на протяжении более 35 лет. Джеффри выступал с проповедью перед живыми аудиториями в более чем 20 странах, на телевидении и радиостанциях, в церквях и мессианских синагогах. Он страстно желает, чтобы люди спасались, освобождались и становились настоящими учениками Иисуса, в свою очередь обращая новых учеников. Его сердце жаждет преподавать истину и видеть, как вся воля Божья возвращается в нынешние поколения, где преимущественно она проповедуется лишь наполовину. Джеффри – известный автор книг и учитель Библии, имеющий бакалаврскую степень по богословию и бизнес-образование. Он путешествует и служит вместе со своей женой Татьяной.

Релігійне видання

Коен Джеффрі

БЕСОРА ГЛАЗАМИ ЕВРЕЕВ

(російською мовою)

Переклад: *Віктор Пилипюк*
Літературний редактор та коректор: *Олена Пилипюк*

Формат 62х88/16. Ум. друк. арк.
Тираж пр. Зам. №

Видано та надруковано:
Релігійне товариство «Місійна книжкова фабрика «Християнське життя»
вул. В. Стуса, 3, м. Луцьк, 43023, Україна. Тел.: (0332) 71-08-74
Свідоцтво Держкомінфрму ДК № 530 від 12.07.2001 р.

www.ingramcontent.com/pod-product-compliance
Lightning Source LLC
LaVergne TN
LVHW061035070526
838201LV00073B/5042